주식 투자로 돈을 벌기 위한 7단계

	포인트	

1
준비
	• 계좌를 개설한다. 2[...]
	   - 수수료
	   - 검색 기능 등의 충실[...]
	• 매월 급여의 10%는 [...]	

2
유망종목을
압축한다
	• 검색 기능을 사용하여 유[...] 종목 걸러낸다
	• 기본적인 검색 요건
	   - PER = 10배 이하
	   - PBR = 1배 이하
		제3장

3 기업 가치를 대략적으로 산정한다 (저평가 여부 평가)	• 기업은 '통째로' 평가한다 • '재산'과 '사업'의 가치를 평가하여 덧붙인다 • 가능하면 저평가도가 높은(=안전마진이 큰) 종목을 중시한다	

4
사업을 분석한다
	• 이익의 원천을 간파하는 4가지 질문
	   - 어디서 얼마나 돈을 벌고 있는가?
	   - 왜 돈을 벌고 있는가?
	   - 앞으로 돈을 버는 구조에 변화는 있을까?
	   - 앞으로 얼마나 벌 수 있을까?
	• 이익을 내고 있는 기업의 성공 유형을 파악한다
		제4장

5
주가가 오르는
'계기'를 생각한다
	• 주가가 오르는 대표적인 계기를 안다
	   (다음은 몇 가지 예)
	   - 배당 확대 - 주주 우대 정책
	   - 자사주 매입 - 충실한 IR
	   - M&A - 신제품 신사업 전개
	   - 액면 분할 - 대중매체의 영향	

6
매수한다
	• 충분히 저평가되어 있는지를 재확인한다
	• '역행투자'를 한다
	   - 주가 폭락
	   - 악재가 터졌을 때
		제5장
		
		제6장

7
매도하여 이익을
확정한다
	• 가치와 가격의 격차가 메워지는 정도와 다른
	   유망 종목의 발굴 상황을 저울질하여 판단한다
	• 팔자마자 바로 다른 종목을 매수할 것이 아니라
	   차분히 검토한다
	• 주가가 침체되었을 때 '감정의 덫'에 빠지지
	   않도록 한다	

현명한
초보
투자자

현명한 초보 투자자

야마구치 요헤이 지음 | 유주현 옮김

이콘

2013년 8월 현재, 아베노믹스 주식 장세가 계속되고 있습니다. 주가는 급등 후에 폭락하고, 그리고 다시 또 상승하며 심한 시세 변동을 반복하고 있습니다. 요동치는 주식시장에서 '주식을 하고 싶으나, 어떻게 하면 좋을지 모르겠다'고 생각하는 사람이 점점 늘어나고 있습니다.

또한 오랫동안 주식투자를 해온 사람들도 대부분 명확한 지표가 되는 '투자의 기준'을 갖지 못하고 감정이 내키는 대로의 주식 매매를 반복하고 있는 듯 합니다.

이 책은 단순한 도박으로부터 탈피하고 체계적인 지식에 기초하여 확실히 이익을 올리는 주식 투자는 어떻게 하면 좋을지에 대해 쓴 것입니다. 가능한 한 쉽게 누구라도 읽을 수 있도록 썼으므로 모쪼록 즐겨주시기 바랍니다.

저는 주식 투자를 하는 개인 투자자에게 다섯 가지 단계가 있다고 생각합니다.

첫 단계는 주위 사람들의 분위기에 휩쓸려 덩달아 주식을 시작하는 '입문자'입니다. 입문자에게는 '주식이란 대체 무엇일까?

어떻게 사야 하는가? 증권회사에 계좌를 개설하려면 어떻게 해야 하나?' 라는, 최초의 한 걸음을 내딛기 위한 지식이 필요합니다. 그들에게 필요한 책은 서점에 즐비하니 걱정할 필요는 없을 것입니다.

무사히 계좌를 개설했다면 제2단계로 들어갑니다. 이 단계에서는 주식 초보자로서의 종목 선택이 문제가 됩니다. 처음에는 모두들 투자에 대한 지식이나 정보가 부족하기 때문에 도요타, 고마쓰 등 누구나 알고 있는 글로벌 우량주를 선택하는 경우가 많습니다. 매매 여부도 주가 차트를 보고 판단하는 사람이 많습니다. 그러나 주가 차트는 과거 주가의 '결과' 에 불과합니다. 과거의 주가라는 결과로부터 미래의 주가라는 또 다른 '결과' 를 추측하는 것은 다소 무모한 일인데도, 마치 이것이 주식 투자의 정도인양 선전되고 있는 것이 현실입니다. 이 단계에서 이렇게 저렇게 매매를 해본 결과 과연 이익이 났는가 자문해보면 그렇다는 답을 쉽게 하기는 어려울 것입니다. '역시 장기 투자를 해야 하는 것일까' 반성을 하기도 합니다.

3단계는 서적이나 잡지를 읽고 거기서 추천하는 종목을 사는 단계입니다. 종목을 고르는 기준은 '주주 우대' '배당' 과 같은 알기 쉬운 관점이 많은 듯합니다. 그러나 머지않아 주가가 조금만 떨어져도 주주 우대나 배당을 통한 이익 따위는 날아가버리고 만다는 사실을 깨닫고 반성하게 됩니다. 3단계의 또 다른 특징으로,

자기 나름의 예측(스토리)을 근거로 투자를 한다는 점을 들 수 있습니다. 그러나 자신이 발견한 스토리는 이미 주가에 반영되어 있다는 사실을 간과하기 쉬워, 결국 오를 대로 오른 주식을 사버리고 맙니다. 그리고 나면 자신이 알고 있는 것은 다른 이들도 모두 알고 있다는 사실을 결국 깨닫고, 슬슬 확고한 투자 기준이 필요함을 느끼게 됩니다.

여기서 한발 더 나아간 제4단계는 일반적인 투자 지표를 중시하며 주식 투자를 하는 단계입니다. 키워드는 'PER' 'PBR'입니다. 이 단계에 속하는 사람들은 다양한 책을 읽고 공부합니다. 그러나 투자 수익은 올라가지만 지표가 갖는 본질적인 의미에는 눈 뜨지 못하는 경우가 많은 것이 특징입니다. 예컨대 PER와 PBR가 ROE에 연결되어 있다($ROE = PBR \div PER$)는 사실을 알지 못하는 사람도 적지 않습니다. 때문에 아직 감정에 흔들려 매매를 일삼기 쉽습니다. 작게 벌고 크게 잃는 상황이 계속되는 것도 이 단계의 특징입니다. 그들에게 필요한 것은 더욱 정확하고 확고부동한 투자의 기준입니다.

마지막 제5단계는 회사의 본질가치에 근거하여 투자를 하는 단계입니다. 정교하고 치밀한 가치 평가 방법을 배워, 어떤 회사의 적정 가치를 대략 '100억엔 정도'라는 식으로 가늠할 수 있습니다. 이 정도가 되면 투자 수익률의 크기가 변해, 연 15~30% 수준에 오릅니다. 일본의 주식시장을 석권해 온 외국계 투자 펀드의 투자 기법도, 기본적으로는 이것과 동일합니다. 개인 투자자로서는 좀처럼 도달하기 어려운 단계이지만, 재무나 투자에 관한 세미나 등을 통하여 열심히 지식을 얻습니다. 회사의 가치에 관해 어느 정도의 확신을 갖게 되기 때문에 이제 하루하루의 주가에는 동요하지 않습니다. 한 종목에 수천만엔을 투자하면서도 두려워하지 않게 됩니다. 워런 버핏이나 조지 소로스 같은 저명한 투자자들의 이야기를 본질적으로 이해할 수 있게 되는 단계이기도 합니다.

이 책은 주식 투자를 시작하여 제2단계~제4단계에 위치하면서, 이제 투자의 본질을 깨치고 싶다고 진지하게 소망하는 사람을 위한 입문서입니다.

저는 M&A 컨설턴트로서 지금까지 수천억엔 규모의 기업 매수에 관여해왔습니다. 그러나 대규모 기업 매수를 위한 의사결정을 할 때나 개인 투자자로서 주식 단 한 주를 살 때나 원칙으로 삼는 기본은 전혀 다르지 않습니다. 그 기본 원칙이란 기업의 본질가치를 꿰뚫어보고, 그것보다 압도적으로 싼 '할인 가격'으로 주식(회사)을 산다는 것입니다.

'할인 가격'으로 사기 위해서는 주식의 가치를 꿰뚫어보지 않으면 안 됩니다. 가치 평가에 관한 책들은 전문가용 실무 서적이 많습니다. 하지만 이 책은 순수하게 개인 투자자가 '주식 투자로 지속적인 이익을 올리는' 것을 목적으로 누구나 간단히 주식의 가치를 산정할 수 있는 방법을 소개하고 있습니다. 이 책에서 설명하는 투자의 기준을 활용하면 지속적으로 높은 수익률을 얻을 수 있을 것입니다.

또 이 책에서는 전문용어의 사용을 되도록 피함으로써 투자나 재무에 관한 지식이 없는 사람도 알기 쉽도록 배려하였습니다. '이제부터 주식 투자를 시작해보고 싶다'는 초심자 분들의 일독을 권합니다. 뭐든지 처음에 사물의 본질을 파악해두면 훨씬 유리하게 일을 진행할 수 있을 것이기 때문입니다.

오셀로 게임에서 이기는 비결은 반상의 네 모서리를 확보하는 일입니다. 아무리 반상이 상대편 색으로 채워졌다 하더라도, 네 모서리를 제압하면 이길 수가 있습니다. 투자의 본질을 아는 것은 이 네 모서리를 확보하는 비결을 아는 것과 비슷합니다. 처음에 그 비결을 알아두면, 설령 일시적으로 평가손이 나더라도 결국 마지막에는 승리할 수 있을 것입니다.

앞으로도 시대의 변화와 함께 유망한 업종과 기업, 나아가 투자할 나라 자체도 변해갈 것입니다. 이러한 상황 속에서는, 시대가 변해도 응용 가능한 보편적인 투자 원칙을 알아두는 일이 매우 중요할 것이라 생각합니다.

이제부터 지금껏 우리들이 알지 못했던, 평생 동안 변하지 않을 투자의 지혜에 관한 이야기를 시작하겠습니다.

제1장

주식 투자로
돈을 버는 구조

THE SMART
INVESTOR

주식 투자가 역시
유리하다?

⦂ 1,000만원을 올바르게 사용하는 길은?

먼저 다음 퀴즈를 풀어봅시다.

Quiz 1

오늘은 보너스 날. 이번 분기에 좋은 실적을 거둔 당신의 회사는 직원들에게 각각 1,000만원의 보너스를 지급했습니다. 착실한 성격의 당신은 이 돈을 효과적으로 쓸 수 있는 방법을 생각합니다. 여기서 든 보기는 여덟 가지. 당신은 이 중 어느 것에 1,000만원을 쓰겠습니까?

① 슬롯머신
② 경마

---

③ 복권

④ 생명보험

⑤ 정기예금

⑥ 부동산 투자

⑦ 외화예금

⑧ 주식 투자

어느 것을 선택할지 고민스럽다면, 다음 세 가지 관점을 고려해보면 좋을 것입니다.

① 비용(수수료, 세금)이나 수고가 얼마나 드는가?

② 최소로 필요한 투자액은 어느 정도인가?

③ 투자 대상을 선택할 때에 그 유망한 정도를 확인하기 쉬운가?

⁝ 도박은 반드시 마지막에 손해를 본다

슬롯머신, 경마, 복권은 일반적으로 도박이라 불립니다. 도박은 단기적으로는 대박을 터뜨려 돈을 벌 수 있을지도 모르지만, 장기적으로는 내 돈이 줄어드는 구조로 되어 있습니다. 왜냐하면 도박에는 반드시 '게임의 주관자'가 있어서 판돈의 수십 퍼센트를 떼어가기 때문입니다. 그 몫을 '자릿세'라고도 합니다.

슬롯머신의 경우 주관자인 오락실이 떼어가는 자릿세는 약 20%입니다. 따라서 확률로 따지면 슬롯머신에 쏟아 부은 돈의 80%밖에 돌아오지 않습니다. 이것은 슬롯머신 1회당 1만원을 걸면 확률적으로는 8천원이 되어 돌아온다는 것을 의미합니다.

마찬가지로 경마도 도박입니다. 경마의 경우 자릿세는 약 25%로, 슬롯머신의 경우보다 약간 많습니다. 이것을 고려하면 부자가 되고 나서 마주가 될 수는 있어도 경마로 부자가 되는 것은 매우 어려운 일이라 할 수 있습니다. (우리나라의 환급률은 복승식, 쌍승식, 복연승식은 72%, 단승식과 연승식은 80%이다.)

복권은 일확천금의 기회로, 당첨되면 인생이 바뀐다고들 하지만 1회의 도박으로는 가장 손해인 게임이라 할 수 있습니다. 주체가 52%를 징수하는 구조이기 때문입니다. 단순히 생각하면 한 장에 1,000원인 복권의 타당한 가치는 실은 480원에 불과하다는 뜻입니다. (우리나라의 경우, 당첨금 5만원 이하는 세금이 없고, 5만원 초과 3억원 이하의 당첨금은 22%, 3억원을 초과하는 당첨금에 대해서느는 33%의 세금이 부과된다.)

이렇게 슬롯머신에서나 경마, 복권에서나 마찬가지로 주관자가 자기 몫을 떼어가는 이상, 도박이라는 것은 계속하면 평균적으로는 반드시 손해를 보는 구조로 되어 있는 것입니다(그림1-1).

〔그림 1-1〕도박과 자릿세

냉정하게 보면 당신은 몫은 상당히 적다

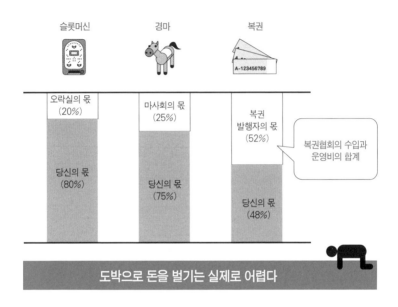

그래도 슬롯머신은 경마나 복권에 비해 주관자의 몫이 적기 때문에 다소 유리해 보이기는 합니다. 그러나 이것은 그저 종자돈이 다하기까지 시간이 더 걸릴 뿐이라는 이야기입니다. 한 번에 잃는 돈이 다른 것보다 적을 뿐, 계속하다 보면 결국 지갑이 빈털터리가 된다는 것은 슬롯머신이나 다른 도박이나 똑같습니다. 이렇게 구조의 이면을 알게 되면 비용 측면에서 도박은 수지가 맞지 않는다는 것을 깨닫게 됩니다.

18

생명보험이라는 도박

　생명보험은 어떨까요? 사실 이것도 도박과 똑같은 구조입니다. 다만 죽는 쪽이 '이긴다'는, 너무나 비참한 도박입니다. 우리들은 보험료를 지불하자마자 보험회사라는 거대한 주체에 수수료를 갖다 바치는 손해 보는 도박에 발을 들여놓은 셈이 됩니다.

　생명보험은 아니지만 간단한 예로서 보험료 10만원을 지불하고 자동차보험에 들었다고 합시다. 사고가 날 확률이 통계적으로 0.1%라고 했을 때, 만일 실제로 사고가 났을 경우 우리들은 1억원의 보험금을 수령하지 못하면 타산이 맞지 않는 것입니다. 이것은 다음 식으로 알 수 있습니다.

> **지불보험료(10만원) ÷ 사고 확률(0.1%)**
> **= 받아야 할 보험금(1억원)**

　그런데 실제로 보험금은 1억원이나 받을 수 없습니다. 왜냐하면 보험회사의 업무수수료와 이익이 먼저 빠져나가기 때문입니다. 이 부분은 일반적으로 20% 정도입니다. 그렇게 되면 보험료 지불 단계에서 이미 판돈이 10만원의 20%를 뺀 8만원으로 줄어드는 셈이 됩니다. 따라서 실제로 받을 수 있는 보험금은 다음과 같이 8,000만원이 됩니다.

> 실제로 계좌에 들어간 보험료(8만원) ÷ 사고의 확률(0.1%)
> = 받을 수 있는 보험금(8,000만원)

'10만원의 판돈으로 8,000만원이나 되는 보험금을 받을 수 있다면 그걸로 된 거지'라고 생각한다면 잘못입니다. 확률 면에서 보면 확실히 손해를 보고 있기 때문입니다.

그렇다면 보험회사는 무엇을 위해 존재하고 있는 것일까요? 그것은 '위험이란 늘 존재하는데, 그것이 실제로 일어난 경우 어떻게든 보전할 필요가 있기' 때문입니다. 예를 들어 '자신이 사고를 당할 가능성이 있고, 정말 사고가 난다면 가족이 길거리에 나앉게 되는' 때를 대비하기 위함입니다. 역으로 말하면 원래 돈이 있는 사람(즉, 자신이 죽어도 가족이 길거리에 나앉지 않아도 될 만큼 돈이 있는 사람. 이를 '리스크 허용도가 높다'고 합니다)은 기본적으로 생명보험에 드는 것은 불합리하다고 할 수 있습니다.

: 작은 확률, 큰 대가

　그런데 도박이나 보험이나, 기본적으로 우리는 이러한 것들에
돈을 쓰는 것을 좋아합니다. 그것은 우리 인간이 낮은 가능성(확
률)을 보다 중요하게 생각해서 그 확률보다도 더 큰 대가를 지불
하기 쉬운 성질을 갖고 있기 때문입니다(그림 1-2). 어쩌면 당첨
될지도 모르는 30억 원, 혹시라도 일어날지 모르는 사고……. 이
러한 기대와 불안이라는 우리들의 감정은 그 확률 이상의 대가를
요구합니다.

〔그림 1-2〕 작은 확률, 큰 대가

가능성이 작으면 작을수록 그것을 중요하게 생각하는 것이 인간이다
(반대로 어정쩡한 가능성은 가볍게 생각한다)

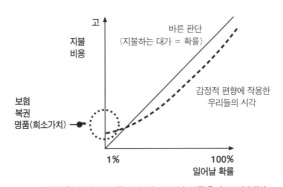

角田康夫『인생과 투자의 퍼즐』(文春親書, 2004년, 63쪽)을 기초로 저자 작성

확률보다 비용이 높은 것이 세상에는 많다

같은 1%의 확률이라도 99%에서 100%로 올라가는 1%와 36%에서 37%로 올라가는 1%는, 그것에 대한 우리의 시각이 전혀 다릅니다. 99%에서 100%로의 1%는 매사의 완전성을 담보로 하여 '안심'이라는 이름의 높은 감정적 가치를 부여해주는 청량제 역할을 합니다. 즉 생명보험은 '안심'을 토대로 하여 팔리고 있는 것입니다. 또한 복권의 1등도 250만분의 1이라는 지극히 작은 당첨 확률이 갖는 숫자적 의미는 잊혀지고, 30억원이 당첨될지도 모른다는 감정적 기대에만 초점이 모아집니다. 한편 36%에서 37%로 오르는 1%처럼 어정쩡한 확률은 가볍게 생각하게 마련입니다.

이처럼 수학적 합리성이 아니라 감정적인 지향성에 근거하여 돈을 쓰는 도박을 계속 해가다보면, 확률적으로는 손해를 거듭하기 때문에 자연히 지갑은 얇아져가게 됩니다.

⦂ 정기예금, 부동산 투자는 어떨까?

슬롯머신, 경마, 복권, 생명보험. 지금까지 살펴본 이 네 가지는 비용 측면에서 모두 타산이 맞지 않습니다. 그러면 나머지 네 개의 보기 중에서 무엇을 골라야 할까요?

우선 정기예금부터 검토해보겠습니다. 제로금리 시대를 사는 우리들은 죽어라 정기예금을 해도 0.034%의 금리밖에 붙지 않습니다. 그러므로 1,000만원을 맡겨도 매년 3,400원 정도의 이자를 손에 쥐는 것이 고작입니다. 한편 은행의 ATM(현금자동지급기)의 시간외 수수료는 1회에 1,500원을 내야 할 때도 있습니다. 이래서는 비용 면에서 타산이 맞지 않습니다. 은행에 돈을 맡겨두면 편리하기는 하지만, 돈을 불린다는 것은 좀 무리일 테지요. (여기서 0.034%는 2013년 일본의 5년 정기예금 평균 금리. 2016년 1월 현재 우리나라 은행의 평균 예금 금리는 1.65%이다.)

부동산 투자는 어떨까요? 부동산 투자의 난점은 투자에 필요한 최소 투자 금액이 커서 1,000만원으로는 도저히 시작하기 힘들다는 점입니다. 또 부동산의 경우는 '살 때' '보유하고 있는 동안' '팔 때' 총 10종류 이상의 세금이 부과되는 점, 중개수수료가 3% 드는 점, 그리고 물건을 찾기 위해 실제로 현장에 가지 않으면 안되는 점 등 시간과 수고가 많이 든다는 점에서 문제가 됩니다.

⦂ 주식 투자는 수고가 들지 않고 비용이 낮다

그렇다면 나머지 두 가지, 외화예금과 주식 투자는 어떨까요? 외화예금이나 주식 투자나 모두 간편하다는 점에서는 공통됩니다. 각각 계좌를 만들고 매매 주문을 내면 되는 것입니다. 지금은 인터넷으로 바로 가능하므로 간단합니다. 계좌를 개설하는 방법에 관해서는 인터넷에서 '증권회사의 선택 방법' 등의 키워드로 검색을 하면 바로 필요한 정보를 손에 넣을 수 있습니다.

비용 면에서는 어떨까요? 외화예금과 주식 투자를 비교하면 세금은 같을지 몰라도 수수료는 주식 투자 쪽이 쌉니다. 1,000만원의 주식을 살 때 증권회사에 지불하는 수수료는 5천원 정도. 팔 때도 마찬가지로 5천원을 지불한다고 하면 합계 1만원이 됩니다. 그러면 수수료율은 1,000만원 가운데 1만원이니 0.1%가 됩니다.

한편 외화예금의 경우는, 예컨대 달러예금이라고 하면 1달러당 매매수수료는 10원이 들기 때문에 1달러 1,000원이라고 하면 수수료는 편도로 1%, 왕복으로 2% 정도가 됩니다. 이것도 싼 편이지만 주식 투자보다는 비싼 것입니다.

그리고 또 한 가지 체크 포인트는 투자 대상의 유망함을 확인할 수 있는가 하는 점입니다. 자국 통화로 보유하는 위험을 피하는 목적이 아니라 순수하게 투자로서 외화예금의 유망함을 진지하게 확인하고자 한다면, 각 나라들 사이의 국력과 화폐의 유통량을 확인하지 않으면 안 됩니다. 적어도 외국의 금리 동향이나 미래의 국력, 경제 동향, 자국 통화에 대한 시세를 알지 못하면 안 되는데, 이것은 일반인에게 어려운 일입니다. 반면 주식 투자에서는 상장되어 있는 기업들 가운데서 관심 있는 특정 기업의 유망함을 확인하면 되는 것이므로 문턱이 확 내려갑니다.

비용이나 수고, 최소 투자액, 투자 대상의 유망도 확인이라는 점에서 정기예금, 부동산 투자, 외화예금, 주식 투자의 4가지를 평가했을 때, 1,000만원의 돈을 불린다는 의미에서는 주식 투자가 가장 효율성이 높다고 할 수 있습니다(그림 1-3).

〔그림 1-3〕 과연 무엇을 해야 할까?

투자 대상	수고	비용(수수료·세금)	최소 투자액	투자 대상의 유망도 확인이 쉬운가
정기예금	없음	이자에 대한 세금 (20%)	1엔~	저금리(0.034%)로 원래 유망도가 낮다
부동산 투자	물건 찾기가 큰 일	높다* * 부동산취득세(4%), 고정자산세(매년), 양도소득세 (20~39%) 등 합계 10종류 이상의 세금 * 중개업자에 대한 수수료(약 3%)	큰돈이 필요	정보가 적어 지식과 경험이 중요
외화예금	외화계좌를 개설하는 수고(1시간)	이자에 대한 세금 (20%), 거래수수료는 낮음 (2% 정도)	1만엔정도~	국력 차나 화폐의 유통량을 개인이 확인하기는 어려움
주식 투자	증권계좌를 개설하는 수고(1시간)	매매차익에 대한 세금(2013년 12월 31일 까지는 특례로 10%, 그 이후는 20%), 거래수수료는 낮음 (0.1%정도)	5만엔 정도~	정보 입수가 쉽고 관심 회사의 유망도를 확인하는 것은 비교적 용이

주식 투자는 타당한 선택

하지만 대체 무엇을 공부하면 주식 투자에서 수익을 올릴 수 있을까요? 주식으로 돈을 버는 결정적인 구조가 있는 것일까요? 다음 절에서는 이 점에 대해서 살펴보도록 하겠습니다.

주식으로
돈을 버는 구조

　

이 책에서는 주식으로 돈을 버는 구조를 가능한 한 체계적으로 소개할 것입니다. 사실 이제부터 서술할 투자의 구조는 주식뿐만 아니라 부동산 등 온갖 투자에 통용되는 것이지만, 이 책에서는 주식 투자에 한정하여 상세히 설명하도록 하겠습니다. 왜냐하면 앞서 언급한 것처럼, 대다수의 개인 투자자에게 있어 주식 투자가 가장 간편하고도 이익을 올리기 쉽기 때문입니다.

우선 이 절에서는 주식으로 돈을 버는 구조의 전체 모습을 간단히 그리기로 하고, 다음 장 이하에서 각각의 내용에 관하여 상세히 설명하겠습니다.

: 기본은 '싸게 사서 비싸게 팔기'

　돈을 벌기 위한 기본은 언제나 '싸게 사서 비싸게 파는' 것입니다. 사업이건 주식 투자건 모두 원칙은 같습니다. 따라서 주식으로 돈을 벌기 위해서는 우선 주식을 '싸게 산다'는 것을 이해할 필요가 있습니다. 싸게 산다는 것은 단순히 말하면 그 주식 본래의 '타당한 가격' 보다도 싸게 매입한다는 것입니다. 이 본래의 '타당한 가격'을 그 주식의 '가치' 라고 합니다. 따라서 주식 투자로 돈을 벌기 위해서는 우선 그 주식이 본래 갖고 있는 '가치'를 알아야만 합니다.

　이것과 관련해서 제2장에서는 '가치' 란 무엇인가에 관하여 생각해보기로 합니다. 일견 생소한 것처럼 여겨지기도 하지만, 이 '가치' 라는 정체불명의 존재를 이해하면 할수록 당신의 지갑은 두툼해질 것입니다. 초보 투자자가 막무가내로 주가를 뒤쫓다가 손해를 보고 있는 동안에도 진정한 투자자는 굳건히 가치 있는 것을 싸게 사서 돈을 법니다.

: 주식의 타당한 가격, 즉 기업가치란 무엇인가?

　다음으로, 우리는 주식 투자로 돈을 벌고자 하는 것이므로 수

많은 가치 가운데 특히 기업의 가치를 알지 않으면 안 됩니다. 이에 제3장에서는 기업의 가치를 어떻게 산정하는가에 관하여 서술할 것입니다.

기업의 적정가치는, 그 기업이 버는 '이익'과 과거에 벌어 회사라는 창고에 저장하고 있는 '재산'으로 구성됩니다. 따라서 기업 가치를 산정하기 위해서는 사업이 이익을 낳는 구조를 분석하는 능력과 재무제표를 해독하여 재산의 가치를 꿰뚫어보는 지식이 필요합니다. 어렵게 들릴지도 모르지만, 실제로 전문가들이 투자의 현장에서 사용하고 있는 기업 가치 평가 방법을 그 본질을 헤치지 않고 누구라도 알기 쉽도록 간결하게 소개할 것입니다. 기업의 가치를 알게 되면, 이것을 가격과 비교하여 '저평가' 되어 있는지 여부를 판단할 수 있게 됩니다. 또한 이 장에서는 시장에 묻혀 있는 저평가주의 발굴 방법(스크리닝)에 관해서도 설명할 것입니다.

: 가치의 '원천'은 어디에 있는가?

기업 가치의 원천은 당연히 그 사업 내용에 있습니다. 따라서 우리는 돈을 버는 사업이 어떠한 비밀을 갖고 있는지, 그 구조와 패턴을 알 필요가 있습니다. 제4장에서는 실제 상장기업을 예로 들어 돈을 버는 사업의 본질을 파헤칠 것입니다.

　제4장에서 다루는 내용은 상급자용이므로 '일단 주식을 시작해보고 싶다'는 분들은 건너뛰어도 무방합니다.

⠿ 주가는 왜 오르는가?

　일단 싸게 산 것까지는 좋았는데, 실제로 주가가 상승하여 '비싸게 파는' 것이 가능하지 않으면 이익을 손에 넣을 수 없습니다. 그렇다면 다음 의문은 '주가는 왜 오르는가?' 하는 것이 됩니다.

　단적으로 말하면 주가가 오르는 것은 실제 가치보다 싼 주식이 시장의 평가를 받고 그 주식 본래의 '가치'에 근접해가기 때문입니다. 주가가 본래의 타당한 가치보다 낮은 상태에 있는 것을 '저평가'되었다고 합니다. 이 저평가 상태의 주식이 특정한 계기나 시간의 경과와 함께 시장의 참가자들로부터 재평가를 받음으로써 주가가 오르는 것입니다. 그 결과 우리는 이익을 올릴 수 있습니다. 제5장에서는 시장에서 평가받는 이 '특정한 계기'의 패턴에 관하여 서술할 것입니다.

　이상과 같은 주식으로 돈을 버는 구조를 도식화한 것이 〔그림 1-4〕입니다.

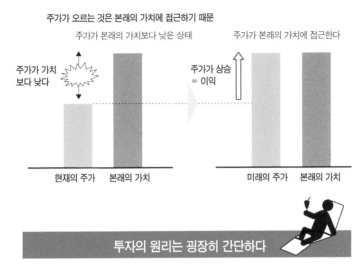

〔그림 1-4〕 주식으로 돈을 버는 원리

주가가 오르는 것은 본래의 가치에 접근하기 때문

주가가 본래의 가치보다 낮은 상태   주가가 본래의 가치에 접근한다

주가가 가치
보다 낮다

주가가 상승
= 이익

현재의 주가   본래의 가치   미래의 주가   본래의 가치

투자의 원리는 굉장히 간단하다

: 합리적으로 행동하고 높은 이익을 올리려면?

제2장에서 제5장까지에서 설명하는 '주식으로 이익을 올리기 위한 원리'를 이해한다면 이제 각각을 심화시켜가야 합니다.

그러나 원리를 알면서도 주식 투자에서 손해를 보는 일이 있습니다. 우리가 논리가 아니라 감정으로 판단하여 행동할 때에 큰 실수를 저지릅니다. 그리고 나서 '주식은 역시 무서운 것이야. 얌전히 예금이나 해두자'며 움츠러들곤 합니다. 그러나 정말로 위험한 것은 주식이 아니라 감정에 이끌려 행동하기 쉬운 투자자자신입니다. 제6장에서는 우리의 감정이 어떤 식으로 손실을 초래하는지, 그 메커니즘에 관해 생각해볼 것입니다.

그리고 제6장의 말미에 감정에 흐르지 않고 합리적인 행동을 취하기 위해 염두에 두어야 할 '투자에 도움이 되는 일곱 가지 습관'을 언급할 것입니다.

[그림 1-5] 이 책의 구성

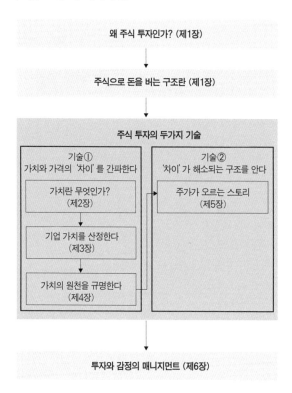

요약

① 주체가 있는 이상, 도박은 장기적으로 손해

② 생명보험은 도박과 같은 구조

③ '수익률, 비용, 수고, 투자 대상의 유망함을 확인할 수 있는가'를 고려하면 주식 투자를 하는 것이 효율적

④ 주식 투자로 돈을 버는 구조

___기본은 '싸게 사서 비싸게 판다'

___싸게 사기 위해서는 '가치'를 알 필요가 있다

___주가가 오르는 것은 저평가된 주식이 시장에서 평가를 받아 그 주식 본래의 '가치'에 접근하기 때문

⑤ 사람은 논리가 아니라 감정으로 판단하고 행동할 때에 실패를 저지른다

화폐의 본질을 아는 유대인

'돈을 지나치게 쓰면 안 된다'는 부모님의 말씀은 전적으로 옳습니다. 그 이유는 명쾌합니다. 지금의 '화폐'의 성질상, 돈은 그 자체가 증식해가는 숙명을 지고 있기 때문입니다. 이것을 '화폐의 자기 증식 기능'이라고 합니다.

흔히 '돈이 돈을 낳는다'는 말을 듣곤 합니다만, 이것은 관념론이 아니라 지극히 논리적인 현실 원리입니다. 이 원리를 뼛속부터 이해하고 있는 것이 유대인입니다. 유대인들은 돈의 지혜를 알고 있습니다.

화폐의 본질을 알고 있는 사람은 확실히 부유해집니다. 역으로 이것을 모르는 사람은 화폐자본주의의 세계에서 반드시 뒤처지게 됩니다.

수중의 돈을 불리고 싶다고 생각한다면 우리도 화폐의 본질을 이해할 필요가 있습니다. 그런 의미에서 이 칼럼을 통해 화폐의 본질을 탐구해보겠습니다.

과거에 사람들은 고기와 생선을 물물교환했습니다. 그러다가
이것이 불편하다고 느껴 '화폐'라는 도구를 만들어, 화폐로 하여
금 고기나 생선의 가치를 대체하도록 하였습니다. 화폐가 언제든
지 고기나 생선을 대신하게 된 것입니다.

그런데 이 화폐라고 하는 '교환도구'는 고기나 생선과는 본질
적으로 다른 성질을 갖게 되었습니다. 그것은 '썩지 않는다'는 것
입니다. 요컨대 인플레이션를 고려하지 않으면 계속 가지고 있어
도 가치가 변하지 않는 것입니다.

인류는 단순히 편리한 교환도구를 필요로 했을 뿐인데, 화폐는
인류의 계산을 뛰어넘는 존재가 되었습니다. 화폐가 썩지 않기
때문에 사람들은 그것을 '저장'해둘 수 있게 되었습니다. 쓰지 않
는 만큼은 보관해두면 되는 것입니다.

그러나 이것은 사회 전체로는 큰 문제가 됩니다. 왜냐하면 우
리들이 행복하게 살기 위해서는 물자와 서비스를 창출하는 '경
제'가 필요하기 때문입니다. 그리고 경제가 움직이기 위해서는
반드시 돈이 필요해지기 때문입니다.

예컨대 누군가가 '공장을 짓고 싶다'고 생각한다면 돈이 필요
합니다. 그러나 화폐는 그 자체가 썩지 않기 때문에 공장을 짓기
위해 구태여 움직이려고 하지 않습니다. 그러니 어쩔 수 없이 "좋

아, 공장을 짓는 데 10억원이 필요하니 돈을 빌려줘. 11억원으로 갚을 테니" 하는 식으로 '더 얹어서 돌려준다' 고 하는, 화폐가 움직이기 위한 '동인(動因)' 이 필요하게 된 것입니다. 만일 화폐가 썩는 성질로 시간과 함께 서서히 그 가치를 잃는 것이라고 한다면 '얹어서 돌려준다' 고 하는 동인은 필요하지 않았을 것입니다.

그러나 화폐가 갖는 '가치 보존 기능' 이 바로 이 '얹어주기' 를 필요로 하였습니다. 이 얹어주기의 동인을 '이자' 라고 합니다. 거듭 말하지만, 이자라는 것은 화폐의 가치가 언제까지나 퇴색하지 않기 때문에 어쩔 수 없이 생겨난 성질입니다.

이로써 알 수 있는 것처럼 경제는 항상 돈을 필요로 하고, 돈이 움직이기 위해서는 그 동인이 필요합니다. 그리고 썩지 않는 화폐를 움직이게 하는 동인이 '그 이상으로 돌려준다' 고 하는 이자인 것입니다. '이자란 화폐의 가치 보존 기능이 초래한 현상이다' 라는 것을 우리는 완전히 이해해둘 필요가 있습니다. 그리고 이 가치 보존 기능이 없어지지 않는 이상, 돈은 쓰지 않고 투자하는 것이 최고입니다. 그러면 돈은 불어나기 때문입니다.

유대인 부자들은 이 화폐의 본질을 지나칠 정도로 잘 알고 있습니다. 그러니 구두쇠일 수 있는 것입니다. 그러나 보통 사람들은 왜 돈을 쓰면 안 되는지를 본질적으로는 이해하지 못하고 있습니다. 그러니 가난할 수밖에 없습니다.

중요한 것은 본질을 이해하는 것이라고 생각합니다.

이 화폐의 문제에 일생을 걸고 도전했던 사람이 『모모』를 지은 세계적인 동화작가 미하엘 엔데입니다. 그는 현대의 돈에 관한 상식을 깨는 사상을 낳은 사람입니다. 사례와 우화를 섞으면서 '폭주하는 돈'의 정체를 탐구하며 삶의 최후까지 '썩는 화폐'의 구상을 멈추지 않았습니다.

지금 일본을 포함한 세계의 선진국들이 돈을 찍어내고 있습니다. 돈의 가치를 점점 낮추어 환율을 내림으로써 수출량을 늘리는 데 필사적입니다. 그런데 이렇게 많이 찍어낸 돈은 어떻게 처리하고 있는 걸까요?

생각해보면 이상한 이야기가 아닐 수 없습니다. 이 세상에서 시간과 함께 생을 다하지 않는 것은 오직 화폐밖에 없습니다. 인간 또한 언젠가는 생을 다하는데 말입니다.

'가치'란
무엇인가?

THE SMART
INVESTOR

가치는 '이익'과 '위험'의
저울 위에 있다

앞 장에서 주식의 실제 가치보다 싼 가격(주가)으로 사는 것이 투자의 기본이라고 했습니다. 싸게 사기 위해서는 우선 그 주식이 본래 갖고 있는 '가치'를 알아야만 한다고도 했습니다.

이제 본 장에서는 '도대체 가치란 무엇인가'에 관하여 생각해 보려고 합니다.

모두 수익률이 다르다!

가치란 무엇인가를 생각하기에 앞서, 앞 장의 처음에 나왔던 퀴즈로 다시 돌아가보겠습니다. 당신은 1,000만원의 보너스를 더욱 불리기를 원하고 있습니다. 도박을 제외하면 1,000만원의 투자 대상은 정기예금, 부동산 투자, 외화예금, 주식 투자라는 보기가 있었습니다. 그리고 순수하게 투자라는 관점에서 생각했을 때, 비용이나 수고, 최소 투자액과 투자 대상의 유망도 확인의 수월성 등을 감안하면 1,000만원을 불리는 수단으로 주식 투자를 하는 것이 타당하다고 했습니다.

이번에는 그것과는 전혀 다른 관점에서, 이들에 투자를 하는 경우 각각 얼마 정도의 돈이 창출될 것인가를 생각해봅시다.

투자의 밑바탕이 되는 돈을 자산이라고 합니다. 그리고 자산이 1년 동안에 창출하는 돈의 비율을 수익률이라고 합니다. 연 수익률 5%의 금융상품이 있다고 한다면, 그것은 '1,000만원을 맡기면 매년 50만원이 들어온다'는 것을 의미합니다(그림 2-1).

[그림 2-1] 수익률의 구조

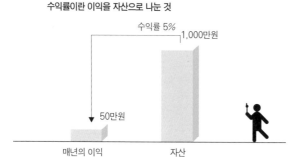

수익률이란 이익을 자산으로 나눈 것

수익률 5%

1,000만원

50만원

매년의 이익　　　　자산

$$수익률 = \frac{매년의\ 이익}{자산}$$

그러면, 이 '1,000만원을 어디에 투자할 것인가' 퀴즈에서의 정기예금, 부동산 투자, 외화예금, 주식 투자의 수익률은 각각 어느 정도일까요? 차례로 생각해 봅니다.

정기예금의 금리는 0.034%였습니다. 1,000만원을 예금해도 매년 3,400원 정도밖에 얻을 수 없는 셈입니다.

부동산 투자는 어떨까요? 아파트를 사서 세를 놓을 경우, 대개 6~9%의 수익률을 얻는 것이 일반적입니다.

마지막으로 주식 투자. 주식 투자의 평균적인 수익률은, 역사적으로 보면 대체로 연간 5~9% 정도입니다(그림 2-2).

[그림 2-2] 주식 투자의 과거 약 100년간의 연 평균 수익률 (1900~2000년)

16개국 평균	6.8%
이탈리아	6.2%
독일	8.1%
프랑스	5.5%
스페인	5.4%
일본	8.8%
영국	7.1%
미국	8.3%
남아프리카	8.9%

(출처) Dimson, Marsh, and Staunton(2002, 2003)

(주) '16개국 평균'은 상기 각국을 포함한 대표적인 16개국의 가중평균

주식의 기대수익률은 보편적으로 5~9% 정도

이것을 보면 알 수 있는 것처럼 세상에는 다양한 자산이 있고 각각 수익률이 다릅니다. 단순히 생각하면 가장 수익률이 큰 부동산에 투자하는 것이 유리해 보입니다. 그런데 그렇게 단순하지는 않습니다. 왜 그럴까요?

⦂ 부동산 투자의 수익률은 왜 6~9%일까?

사실 자산별 수익률의 차이는 위험의 크기를 반영하고 있습니다(그림 2-3). 여기서 말하는 위험이란 '그 자산이 장차 얼마나 돈을 창출할 것인가'를 알 수 없는 불확실성을 의미합니다.

〔그림 2-3〕 위험과 기대수익률

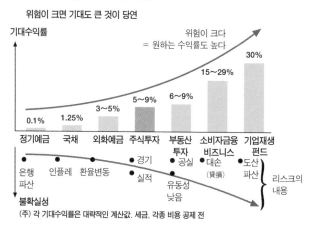

(주) 각 기대수익률은 대략적인 계산값. 세금, 각종 비용 공제 전

예를 들어, 부동산의 경우는 세입자가 나타나지 않아 빈 집으로 남을 위험, 팔리지 않을 위험(이것을 유동성 리스크라고 합니다), 그리고 시간이 가면서 부동산의 가치가 떨어질 위험 등을 안고 있습니다. 이러한 여러 가지 위험을 고려하면, '이 부동산에 투자할 때는 6~9% 정도가 타당한 수익률'이라고 시장에 참가하는 사람들은 생각하게 됩니다.

이 '모두가 타당하다고 생각하는 수익률', 즉 모두가 '기대하고 있는' 수익률을 기대수익률이라고 합니다. 기대수익률이라는 것은 대단히 중요한 표현입니다. 부동산에 투자하는 사람은 '9%의 수익률 정도는 기대하고 있다'는 것입니다. 또 이렇게도 생각합니다. '여러 가지 위험을 감안할 때 9%의 수익률을 얻을 수 없다면 그런 부동산은 살 수 없다.' 모두가 이런 식으로 생각하면, 이번에는 역으로 이 부동산의 가격이 '9%의 기대수익률이 얻어지는 수준'으로 안정되게 됩니다. 모두가 생각하는 부동산의 타당한 가격, 이것이 '가치'의 정체입니다(그림 2-4 참조).

〔그림 2-4〕 가치를 결정하는 것

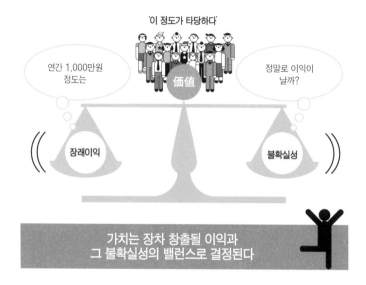

'이 정도가 타당하다'

연간 1,000만원
정도는

価値

정말로 이익이
날까?

장래이익

불확실성

가치는 장차 창출될 이익과
그 불확실성의 밸런스로 결정된다

　그러므로 '수익률이 높으니까' 라는 이유만으로 남아프리카 국
채를 사는 것은 잘못입니다. 단순히 위험을 감안했을 때 남아프
리카 국채는 7% 정도의 수익률이 타당하다고 모두들 생각하고
있는 것에 불과하기 때문입니다.

: 임대료를 보면 부동산의 가치를 알 수 있다

   기대수익률의 사고방식을 알면 매월의 임대료에서 그 물건의 적정한 가치를 알아내는 것도 가능합니다. 예컨대 매월 임대료 75만원인 부동산의 적정한 가치는 얼마인지를 생각해봅시다.

   우선 매월 75만원의 임대료라는 것은 1년이면 {75만원 × 12개월}로 합계 900만원이 됩니다. 이 부동산의 기대수익률을 9%라고 합시다. 식은 다음과 같습니다(그림 2-5).

> **부동산 가치(? 만원) × 기대수익률(9%)**
> **= 매년 임대료(900만원)**

부동산 가치를 구하기 위해 기대수익률(9%)을 이항합니다.

> **부동산 가치(? 만원) = 매년 임대료(900만원) ÷ 기대수익률(9%)**

이 식을 풀면,

> **부동산 가치(? 만원) = 900만원 ÷ 0.09**
> **= 1억원**

이 부동산의 적정한 가치가 1억원이라는 것을 알 수 있습니다.

어떻습니까? 이 계산식에 세금이나 거래수수료, 물건의 유지보수에 드는 비용은 포함되지 않습니다. 때문에 조금 높은 기대수익률을 설정하고 있긴 하나, 기본적인 부동산 가치의 산정 방법은 이렇게 설명할 수 있습니다.

여러분도 자신이 지금 지불하고 있는 임차료에서 그 부동산의 적정한 가치를 산출해보시기 바랍니다. 어쩌면 임차를 그만두고 아파트를 사는 편이 이득일지도 모릅니다.

[그림 2-5] 임대료 75만원의 부동산의 적정한 가격은 1억원

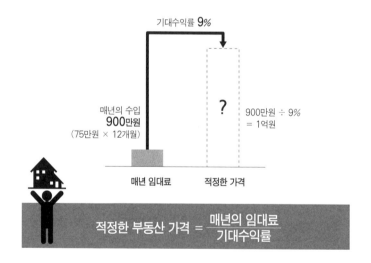

주식의 가치는
간단히 알 수 있다

⁞ 이익이 1만원이라면 주가는 14만원이 타당

그렇다면 이번에는 주식을 예로 들어봅시다.

만일 매년 1만원의 이익이 앞으로 계속 얻어질 것으로 예상되는 주식이 있고, 그 기대수익률이 7%라면, 그 주식의 적정 주가는 얼마일까요? 계산식은 다음과 같습니다.

> **적정 주가(? 원) × 기대수익률(7%) = 매년의 이익(1만원)**

기대수익률을 이항하여 계산하면,

적정 주가(? 원) = 매년의 이익(1만원) ÷ 기대수익률(7%)
= 1만원 ÷ 0.07
= 14만 2,857원

　적정 주가는 약 14만원이 됩니다. 이것이 이 주식의 '가치'입니다.

　즉, 14만원이라는 적정한 가치보다도 주가가 낮으면 '매수', 높으면 '매도'가 됩니다. 다시 말해서 이 주식을 14만원 이상의 가격으로 사는 것은 그다지 바람직하지 않다는 뜻이 됩니다.

　'기대수익률을 넘어서는 수익률을 얻을 수 있는 경우에 투자를 한다.' 이것이 주식 투자의 원리입니다. 정말 단순한 원리입니다.

가치의 구조를 알면
투자의 본질이 보인다

⁝ 주가의 하락은 '매수' 기회

보통 사람들은 주가가 내려가면 불안해져서 주식을 팔고, 주가가 상승하면 이번에는 괜히 대담해져 주식을 삽니다. 그런데 사실 올바른 투자란 그 반대여야 합니다.

주가가 하락하면 '매도'가 아니라 '매수'를 해야 합니다. 왜냐하면 당신이 '적정 주가'를 알고 있다면, 주가가 내려간다는 것은 보다 높은 수익률을 얻을 수 있는 기회이기 때문입니다.

매년 1만원의 이익이 날 것으로 예상되는 주식이 있고, 그 주가가 20만원이라고 합시다. 그 경우의 수익률은,

> **〈매년의 이익이 1만원, 주가가 20만원일 경우의 수익률〉**
> 1만원 ÷ 20만원 = 0.05

위의 식에서 5%라는 것을 알 수 있습니다. 주식의 일반적인 기대수익률 5~9%와 비교하면 조금 낮을지도 모릅니다. 그런데 주가가 10만원까지 내려가면 어떨까요?

> **〈매년의 이익이 1만원, 주가가 10만원일 경우의 수익률〉**
> 1만원 ÷ 10만원 = 0.1

이번에는 10%나 되는 수익률이 나옵니다(그림 2-6).

이처럼 보통 사람들과는 역으로 가는 투자 방법을 '역행 투자'라고 하는데, 이를 통해 높은 수익을 올리는 사람도 있습니다. 그 원리는 매우 간단합니다. 요컨대 모두가 감정에 치우쳐 주가의 오르내림에 술렁이고 있을 때, 역행투자자는 '높은 수익률을 얻을 수 있는가'만을 생각하고 주가가 내린 주식을 사들이는 것뿐입니다.

사람들은 대개 자기의 판단에 자신을 갖지 못하고 대세의 움직임에 휩쓸리기 쉽습니다. 그러나 돈을 버는 것은 결국 소신 있게

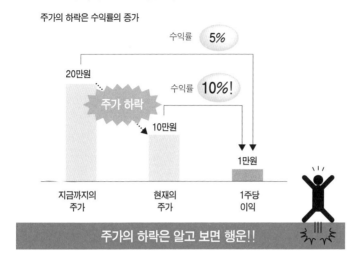

〔그림 2-6〕주가의 하락은 매수 기회

주가의 하락은 수익률의 증가

수익률 **5%**

20만원

수익률 **10%!**

주가 하락

10만원

1만원

지금까지의
주가

현재의
주가

1주당
이익

주가의 하락은 알고 보면 행운!!

행동하는 사람입니다. 주식의 가치를 믿고, 때로는 지긋하게 참을 줄도 아는 것이 주식 투자에는 필요한 것입니다.

⁝ '주식' 이나 '예금' 이나 본질은 같다

세간에는 '예금'을 하는 것과 '주식'을 사는 것은 전혀 다른 것으로 간주되고 있습니다. '주식은 도박이고 예금은 미덕' 이라고 많은 사람들이 믿고 있으며, 자녀에게 스스럼없이 주식 이야기를 하는 어른은 거의 없습니다.

그러나 이것은 큰 잘못입니다. 왜냐하면 '주식 투자'라는 특별한 세계 따위는 존재하지 않기 때문입니다. 사실 주식이나 예금은 완전히 동일한 것입니다.

예금과 주식 투자의 구조를 생각해보면 금방 알 수 있습니다. 예금이란, 당연히 은행에 돈을 맡기는 것입니다. 그러면 그 맡긴 돈은 어떻게 될까요? 결국은 기업에 융자되거나 투자되고 있습니다.

주식 투자란 은행을 거치지 않고 이런 과정을 직접, 스스로 하는 것에 불과합니다. 즉, 돈이 기업으로 돌기까지의 경로가 다를 뿐, 결국 당신의 돈이 기업으로 흐르고 있다는 점에서는 동일합니다. 은행에 예금한다는 것은 은행이라는 투자신탁(펀드)에 투자를 하고 있는 것이나 마찬가지입니다. 은행 예금에는 물론 원금 보장이라는 강한 매력이 있지만, 예금자 보호제도의 완화나 물가 상승(인플레이션)을 고려하면 우리는 원금이 갖는 의미를 다시 생각해야 할 필요가 있을지 모릅니다.

우리가 은행에서 얻을 수 있는 금리가 스스로 직접 기업에 투자하여 얻어지는 수익률보다 낮은 것은 은행의 업무 처리 비용이 더해지기 때문이며, 이것은 제1장에서 언급한 도박이나 생명보험과 같은 원리입니다(그림 2-7).

〔그림 2-7〕 '주식' 이나 '예금' 이나 본질은 같다

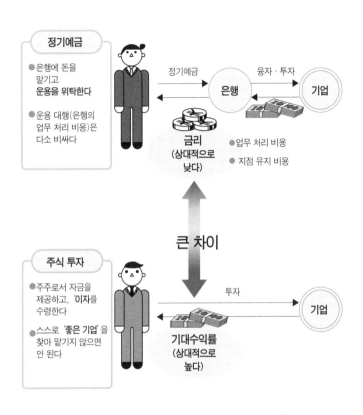

정기예금

- 은행에 돈을 맡기고 **운용을 위탁한다**
- 운용 대행(은행의 업무 처리 비용)은 다소 비싸다

정기예금 → 은행 → 융자 · 투자 → 기업

금리
(상대적으로 낮다)

- 업무 처리 비용
- 지점 유지 비용

큰 차이

주식 투자

- 주주로서 자금을 제공하고, '이자'를 수령한다
- 스스로 '좋은 기업'을 찾아 맡기지 않으면 안 된다

투자 → 기업

기대수익률
(상대적으로 높다)

주식 투자란 직접 기업에 돈을 맡기는 것

주식과 예금이 본질적으로 같다는 것을 깨닫는다면, 여러분 자신이 직접 기업에 돈을 맡기는 주식 투자라는 선택도 나쁘지 않다는 것을 이해하게 될 것입니다.

﹕위험이 0이라면 국채 정도의 수익률은 되어야

그러나 한편으로 '은행 예금에는 위험이 없지 않느냐'고 하는 사람도 있을지도 모릅니다. 반면 주식에는 위험이 있다는 겁니다. 은행에 맡기면 물론 이자는 거의 붙지 않지만 앞서 서술한 바와 같이 맡긴 원금은 보장되고 있습니다. 이 점이 주식과는 다르지 않느냐고 생각하는 것도 당연합니다.

그러나 100% 안전하고 위험이 0인 금융상품은 정기예금 말고도 일본 국채(단, 상환 때까지 보유했을 경우) 등이 있습니다. 일본 국채의 수익률은 0.85%(10년 국채, 2013년 6월 13일 시점)로, 정기예금의 0.34%보다 훨씬 유리하기 때문에 똑같이 위험이 0이라면 예금하기보다는 국채를 사는 편이 나을 지도 모릅니다.

지금 일본에는 약 1,500조 엔의 금융자산(예금이 1,000조 엔, 보험금이 500조 엔)이 있습니다. 그러나 현재는 제로금리 정책에 따라 거의 무이자 상태가 지속되고 있습니다. 만일 해외에서처럼 금리가 1%라도 붙는다면 우리의 예금 1,000조 엔에 대하여 약

10조 엔의 이자가 붙는다는 계산이 되므로, 지금의 상황은 우리들로서는 비참한 부의 훼손이라고 할 수 있습니다.

정말 우리는 적극적으로 투자를 고려해야 할 시기에 와 있는 것입니다.

⦂ 무엇에 투자하는가는 문제가 아니다

그렇다면 이 장의 포인트는 무엇일까요? 두 가지로 정리할 수 있습니다.

포인트 1 주식이나 예금이나 부동산이나 모두 '같은 기준'으로 평가할 수 있다.

결국 모든 경제적인 '가치'를 결정하는 것은 '위험'과 '수익률'입니다. 주식의 수익률이 높아지면 주식에 투자하고, 부동산이 싸지면 부동산에 투자하면 됩니다.

투자에 임할 때 생각해야 하는 것은 그 대상의 '위험'과 '수익률'이며, 주식이냐 부동산이냐의 문제는 아닙니다. 주식으로 돈을 버는 사람은 부동산으로도 돈을 법니다. 왜냐하면 같은 원리로 투자를 하고 있기 때문입니다. 이것을 깨닫는 것은 단순히 주식 투자를 함에 있어서도 매우 중요한 일입니다.

포인트 2 수익률의 크기 자체에는 아무 의미가 없다.

투자 대상을 선택할 때 사람들이 오해를 하는 경우가 많습니다. 수익률이 높은 편이 좋다고 단순하게 생각하는 것입니다. 경제와 금융의 구조를 전혀 모르는 시골 노인이 높은 수익률을 제시하는 금융상품에 속아 넘어갔다는 뉴스가 곧잘 들려오기도 합니다.

수익률이 높다고 다 좋은 것은 아닙니다. 이 세상에 나와 있는 금융상품의 수익률 수준은 대개 단순히 위험 수준을 의미하고 있을 뿐입니다.

예컨대 외화예금은 5%의 이자가 붙으니까 일반적인 예금보다 득이 된다며 금융기관에서 외화를 사는 것은 잘못입니다. 왜냐하면 이 5%는 각국의 경제 정세와 외환의 변동이라는 위험을 반영하고 있기 때문입니다. 즉, '외화예금은 위험이 커서 5%의 이자가 붙지 않으면 도저히 투자할 수 없다'는 시장의 목소리에 따라 그만큼의 이자가 붙어 있는 것입니다.

어떠한 투자에서나 이익을 올리기 위해서는 그 기대수익률 이상의 수익률을 실제로 창출하는지 여부가 중요합니다. 모두가 '5% 정도가 되지 않으면 할 수 없다'고 생각하고 있는데 사실은

8%의 수익률을 기대할 수 있다면 당연히 투자를 해야 합니다. 이 3%의 차이가 당신의 투자 수익이 되는 것입니다.

자, 이제 가치의 본질이 보이기 시작했습니까? 아직은 '알쏭달쏭하다'고 할지 모르지만, 이 책을 계속 읽어가는 동안에 점차 이해하게 될 것이라 생각합니다.

요약

① 모두가 타당하다고 여기는 수익률을 '기대수익률'이라고 한다.

② 가치는 위험과 수익률로 결정된다.

③ 주가의 하락은 보다 높은 수익률을 얻을 수 있는 기회를 의미한다.

④ 수익률의 크기 자체에는 아무 의미도 없다.

⑤ 주식이나 예금은 본질적으로는 같은 것이다.

፧ 현금을 너무 좋아하지 마라!
- 주식 투자의 본질은 가치 교환에 있다

"현금, 너무 좋아하지 마라."

궤변으로 들릴 수도 있지만 이것은 중요한 문제입니다. 많은 투자자가 투자 게임에서 실패하는 이유는 투자의 목표를 항상 '현금'에 두기 때문입니다. 이것은 결국 수중의 현금을 일시적으로 '주식'으로 바꾸고, 그것을 다시 '현금'으로 바꿨을 때 그 금액이 원래의 현금보다 많으면 성공, 적으면 실패라는 것입니다.

'현금 → 주식 → 현금'의 사이클을 잘 반복함으로써 '현금'이 늘어가는 것이 바로 투자다! 이러한 사고방식이 투자의 기본으로 여겨지고 있습니다.

그러나 저는 이런 사고방식이 매우 위험하다고 생각합니다.

'현금 → 주식 → 현금'의 사이클에서 마지막 프로세스인 다시 현금 상태로 돌아오는 것을 지나치게 의식하는 투자자는 반드시 실패합니다.

왜냐하면 이러한 투자자에게 투자의 성공은 '산 가격보다 비싸게 팔아치우는 것'으로 정의되기 때문입니다. 그들의 투자는 다음과 같은 결과를 낳기 쉽습니다.

- 주식시장에 항상 눌러앉아 있으면서

↓

- 매수가보다 조금 오르면 바로 판다. (더 오를지 모르는데도 바로 매각하기 때문에 수익은 작다. 단, 본인은 매수가보다 비싸게 매각할 수 있었다는 사실에 만족한다.)

↓

- 매수가보다 내려가도 좀처럼 팔 수 없다. (주가는 자꾸자꾸 내려간다. 매수가보다 싸게 파는 것은 '실패'가 되므로 팔기 어렵다. 내려갈 만큼 내려간 시점에서 포기하고 팔아버리기 때문에 손실은 크다.)

이를 반복하다보면, 수익은 적어지기 쉽고 손실은 불어나기 쉽습니다. 긴 시간을 거치는 동안 실패가 많아지는 것입니다. 투자란 '매수가보다 비싸게 팔아치우는 것'이 아닙니다. 투자란, '지금 있는 자산(현금)을 보다 가치 있는 자산(증권이나 현금)으로 교환하는 프로세스' 입니다.

눈앞에 있는 주식의 가치가 수중의 현금보다 높다고 생각하면 현금과 주식을 교환하면 되고, 보유하고 있는 주식이 적정한 가치보다 높은 가격을 제시받고 있다면(즉 주가가 높다면) 이번에는 현금으로 교환하면 됩니다. 모든 투자는 '교환 작업' 일 뿐입니다. 합리적인 교환을 할 수 있는 투자자는 장기적으로 성공할 수 있습니다.

많은 투자자는 현금을 절대적인 존재로 간주합니다. 그것은 현금이 다른 금융자산보다 높은 '유동성'을 갖고 있기 때문입니다.

언제 어디서나 누구라도 가치 있는 다른 것과 교환할 수 있는 현금은 증권에 비하여 유동성이 높고 편리한 존재이긴 하지만 절대적인 것은 아닙니다. 원래 투자란 잉여자금으로 하는 것이 옳고, 그러므로 당장 쓸 필요가 없는 자금에 유동성을 강하게 요구할 필요는 없습니다.

결국 현금이든 주식이든 가치의 대체물이라는 점은 다르지 않습니다.

우리는 현금에 가까운 '주가'를 뒤쫓는 것이 아니라 '가치'를 더욱 추구하여야 합니다. 주가가 오르고 내리는 것이 아니라 그 기업의 가치가 늘어나는지 줄어드는지에 신경을 써야 합니다. 시장에서 한발 떨어져서 투자 대상 기업의 가치가 늘어나는 것을 차분히 지켜보는 생활이 필요합니다.

제3장

기업의 가치를
파헤쳐라!

THE SMART
INVESTOR

기업 가치를 산정하기 전에
알아두어야 할 것

이 장의 목적은 누구나 간단히 대략적으로나마 기업 가치를 산정할 수 있도록 하는 것입니다. 기업(주식)의 가치를 알면 저평가된 주식을 발견할 수 있고, 결과적으로 이익을 올릴 수 있습니다.

사실 이제부터 설명하는 것과 같은 방법으로 기업 가치를 산출하여 실제로 투자를 하고 있는 개인 투자자는 일본에 거의 없습니다. 따라서 이 방법을 알아두면 다른 사람들과 압도적으로 차별화될 수 있습니다.

기업 가치의 산정에는 다음 두 가지 포인트가 있습니다.

① 기업은 통째로 평가한다

② 기업의 가치란 그 '기업이 영위하는 사업의 가치'와 '보유하고 있는 재산'을 더한 것이다

⋮ 기업은 '통째로' 평가하라

제1장에서 복권은 주최 측이 33%의 마진을 챙기는 타산이 맞지 않는 도박이라고 말했습니다. 구조를 훤히 알고나면 적어도 복권을 '투자'라고 생각하지는 않을 것입니다.

그래도 복권을 큰 기회를 잡을 수 있는 투자라고 믿는 사람도 있습니다. 그것은 눈앞에 놓인 단 한 장의 복권만을 보고 복권사업 전체의 구조를 보지 않기 때문입니다.

예컨대 모든 복권을 1,000억원이나 매점했다고 하더라도 33%의 원천징수를 생각하면 당첨금액의 합계는 670억원밖에 되지 않는데도, 모두들 이 사실을 좀처럼 깨닫지 못하고 있습니다. '나무만 보고 숲을 보지 못하는' 것입니다.

주식 투자의 경우도 마찬가지입니다. 즉, 눈앞의 단 한 주만을 보고 주식의 매매를 해서는 안 된다는 것입니다. 우리는 단 한 주를 구입할 때에도 그 기업 전체의 가치를 고려하여 가격의 타당성을 판단할 필요가 있습니다. 이상한 이야기라고 생각할지도 모르지만, 회사를 통째로 살 마음이 없다면 그 회사의 주식을 단 한 주라도 사서는 안 됩니다. 우리들이 주식을 살 때는 M&A를 하는 기업의 CEO와 같은 관점에 설 필요가 있는 것입니다.

M&A 전문 기업처럼 돈이 많지 않은 우리 개인 투자자들이지만 그래도 정말로 알고 싶어해야 하는 것은 주식 한 주의 적정한

가치입니다. 우선은 기업을 통째로 전부 평가하고, 그러고 나서
발행된 주식 수로 나누어 한 주당 가치를 산출하도록 합시다.

> **기업 전체의 가치 ÷ 발행 주식 수 = 1주당 가치**

: 기업의 가치는 재산과 사업

앞 장에서 기업의 본래의 가치는 이익을 기대수익률(5~9%)
로 나누면 알 수 있다고 했습니다. 그리고 주가가 가치보다 쌀 때
주식을 사는 것이 정답이라고 했습니다. 이것이 틀린 말은 아니
지만, 기업의 '가치'에는 또 하나의 요소가 있습니다. 그것은 기
업이 보유하고 있는 재산입니다.

많은 기업들이 지금까지 벌어온 재산을 '창고' 안에 쌓아두고
있습니다. 오래된 회사일수록 이런 경향이 큽니다. 그런데 이 창
고의 소유자는 누구일까요? 물론 주주입니다. 따라서 기업의 가
치를 산출할 때에는 이 재산 부분까지 더하지 않으면 안 됩니다.

다시 말해 기업의 진짜 가치란, '사업의 가치'와 '재산'을 더한
것입니다. 투자에 적당한 회사는 사업의 가치가 큰 회사와 재산

을 많이 가진 회사, 이렇게 둘로 나눌 수 있습니다. 둘 다인 회사라면 금상첨화입니다.

： '유산'과 '연봉', 어느 쪽을 선택할까?

이 점에 대해 예를 들어 생각해봅시다. (그림 3-1)

Quiz 2

여기에 두 사람의 여성이 있습니다. 당신이 남성이라면 어느 쪽 여성과 결혼하고 싶을까요?

영숙 씨

- 24세 미혼
- 부잣집 딸들이 많이 가는 여대 졸업
- 물려받을 유산이 많다
- 직장에 다니지 않고 집에서 가사를 돕고 있다

경희 씨

- 27세 미혼
- 일류대학 졸업

- 자비로 해외 유학을 다녀와 외국계 은행에 입사한 엘리트
- 현재 모아둔 재산은 없지만 장래가 매우 유망하다

개인적인 취향은 별개로 하고, 주식 투자의 세계에서는 영숙씨를 자산주, 경희 씨를 성장주라고 합니다. 영숙 씨는 현재의 재산이 풍부한 사람입니다. 반면 경희 씨는 이제부터 축적할 재산이 있다고 할 수 있습니다.

2005년부터 2007년, 해외 사모펀드들이 많은 일본기업을 매수했습니다. 그 경우의 대부분은 '유산'이 목적입니다. 시장에 있는 '영숙 씨'를 발견하여 그 재산을 노리고 억지로 결혼을 하는 것입니다. 결혼과 달리 매수에는 기본적으로 양쪽의 합의가 필요하지 않습니다. 시장에서 주식을 매수하기만 하면 되므로 이러한 유산 상속을 노리는 결혼이 가능한 것입니다.

그러나 애정이 없는 결혼은 길게 가지 않는 법입니다. 그것은 이러한 유산 목적의 매수가 성공하지 못하는 현상에서도 명백합니다.

〔그림 3-1〕 어느 쪽과 결혼할까?

가문을 선택할 것인가? 고수입을 선택할 것인가?

어느 쪽 여성과 결혼해야 하나?

영숙 씨

* 24세 미혼
* 부잣집 딸들이 많이 가는 여대 졸업
* 물려받을 유산은 많다
* 직장에 다니지 않고 집에서
  가사를 돕고 있다

경희 씨

* 27세 미혼
* 일류대학 졸업
* 자비로 해외유학을 다녀와
  외국계은행에 입사한 엘리트.
* 현재 모아둔 재산은 없지만 장래는
  매우 유망하다

5분 안에 구하는
주식의 가치

: 4단계로 가치를 산출한다

그러면 실제로 주식의 가치를 산정해봅시다. 단계는 크게 4단계로 나뉩니다. (그림 3-2)

① '사업 가치'를 평가한다
② '재산 가치'를 평가한다
③ 부채(빚)를 뺀다
④ 발행 주식 수로 나눠 한 주의 가치를 산출한다

〔그림 3-2〕기업 가치 산정의 단계

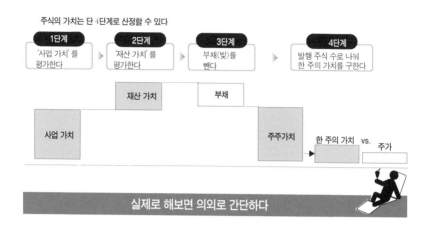

되도록 간편하고, 익숙해지면 5분 안에 끝낼 수 있는 방법만을 소개하겠습니다. 너무 복잡한 작업은 개인 투자자에게 적절하지 않기 때문입니다. 이 5분 안에 끝나는 기업 가치 산정 방법으로도 충분히 수익을 올릴 수 있다는 것을 알고나서, 더 복잡하고 정밀한 산정 방법을 공부하시기 바랍니다.

그럼, 이제부터는 실제 상장기업의 예를 사용하여 이야기를 진행하겠습니다.

프로토코퍼레이션이라 하는 자동차, 생활 관련 정보를 제공하는 회사가 있습니다. 이 회사의 2013년 3월까지의 정보를 가지고 1주의 가치를 산정하여 2013년 6월의 주가와 비교해 봅시다. 여기서 사용하는 것은 유가증권보고서와 'Yahoo! 파이낸스'가 전부입니다. 인터넷으로 접속만 할 수 있다면 모두 무료로 간단히 입수할 수가 있는 것들입니다.

⦂ 필요한 정보는 무료로 입수한다

우선 각각의 정보 입수 방법부터 설명하겠습니다.

유가증권보고서를 손에 넣는 방법은 몇 가지가 있습니다. 하나는 기업의 홈페이지에서 입수하는 방법입니다. 요즘은 많은 상장기업이 재무정보를 홈페이지에 공개하고 있기 때문에 이것이 가장 빠른 방법입니다.

홈페이지를 통해 간단한 재무정보만 제공하고 있다면, 다른 방법으로 완전한 유가증권보고서를 입수할 필요가 있습니다. 이럴 때에 편리한 것이 EDINET(http://info.edinet.go.jp/EdiHtml/main.htm)이라는 사이트입니다. EDINET은 금융청이 행정서비스의 일환으로서 제공하고 있는 공식 사이트입니다. 여기서 모든 상장기업의 유가증권보고서와 기타 재무정보를 무료로 입수할 수 있습니다. (한국의 전자공시 시스템 주소는 http://dart.fss.or.kr 입니다.)

다음으로 프로토코퍼레이션 주가와 발행 주식 수를 알기 위해 'Yahoo!파이낸스'(http://finance.yahoo.co.jp)로 갑시다. 회사

'차트'를 선택하면...

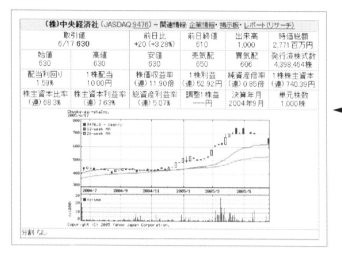

명을 입력하면 주가차트와 주요 실적이나 실적 예측 등을 확인할
수 있습니다(그림 3-3).

  실적을 확인할 때는 반드시 그 회사가 연결재무제표 대상 기업
인지 단독재무제표 대상 기업인지를 확인합시다. 연결 실적을 확
인해야 하는데 단독 실적만을 확인한다면 큰 실수입니다.
'Yahoo!파이낸스'로 실적을 확인하기 위해서는 반드시 먼저
'재무상황'을 보십시오. 여기에 '단독'인지 '연결'인지의 표기가
있습니다. 자, 이것으로 필요한 재료가 모두 갖춰졌습니다.

〔그림 3-3〕 Yahoo!파이낸스

URL▶http://finance.yahoo.co.jp/

'프로토코퍼레이션' 이라고 입력하고........

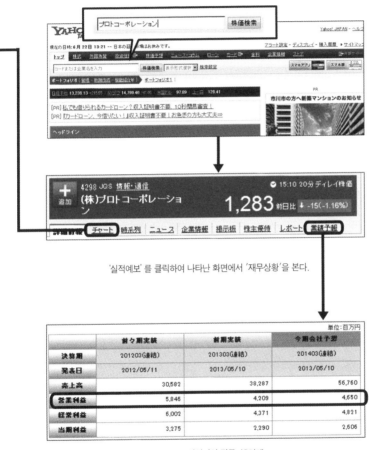

'실적예보' 를 클릭하여 나타난 화면에서 '재무상황'을 본다.

	前々期実績	前期実績	今期会社予想
決算期	201203(連結)	201303(連結)	201403(連結)
発表日	2012/05/11	2013/05/10	2013/05/10
売上高	30,582	38,287	55,760
営業利益	5,846	4,209	4,650
経常利益	5,002	4,371	4,821
当期利益	3,275	2,290	2,506

単位:百万円

영업이익 평균 49억엔

〔그림 3-4〕프로토코퍼레이션의 주가와 가치산정 단계

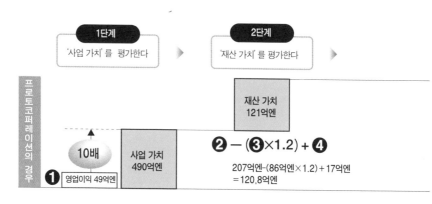

〔재무상황〕

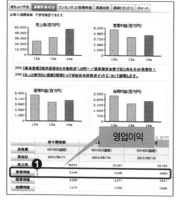

(출처)Yahoo!파이낸스

〔연결대차대조표(자산)〕

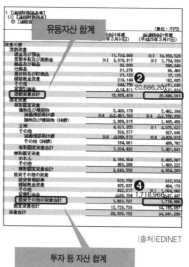

(출처)EDINET

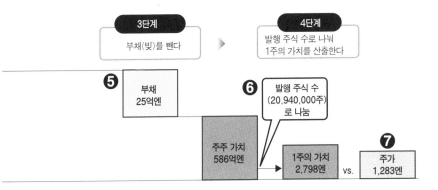

3단계		4단계
부채(빚)를 뺀다	▷	발행 주식 수로 나눠 1주의 가치를 산출한다

❺ 부채 25억엔

❻ 발행 주식 수 (20,940,000주) 로 나눔

주주 가치 586억엔 → 1주의 가치 2,798엔 vs. **❼** 주가 1,283엔

〔연결대차대조표(부채)〕 〔상세정보〕

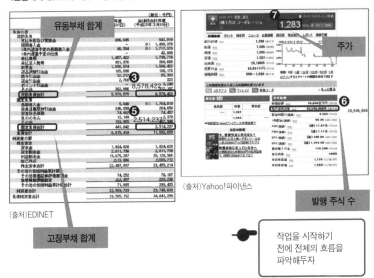

유동부채 합계

❸ 8,578,422

❺ 2,514,237

(출처)EDINET

고정부채 합계

❼ 1,283 주가

❻ 발행 주식 수 20,940,000

(출처)Yahoo!파이낸스

작업을 시작하기 전에 전체의 흐름을 파악해두자

작업에 들어가기 전에 전체의 흐름을 〔그림 3-4〕로 파악해둡시다. Yahoo!파이낸스와 EDINET에서 얻는 정보가 기업 가치 산정의 1~4단계의 어디에서 필요한가도 이 도표로 확인하십시오.

그러면 지금부터 프로토코퍼레이션의 '가치'를 계산해보겠습니다.

: 사업 가치는 영업이익의 10배?

1단계 '사업 가치'를 평가한다

우선 '사업 가치'를 구해봅시다. 사업 가치를 구할 때는 사업으로 벌어들이는 이익인 영업이익을 기초로 합니다.

프로토코퍼레이션의 전기(全期) 재무상황의 영업이익을 봐주십시오. '전전기 실적' '전기실적' '당기회사예상'을 평균하면, 미래의 예상영업이익은 약 49억엔이 됩니다(그림 3-5). 미래의 영업이익이 어떤 추이를 보일지는 사업을 자세히 분석하지 않으면 모르지만, 그것은 일단 뒤로 미뤄놓고 여기서는 과거의 영업이익이 미래에도 계속된다고 가정합니다.

여기서 사업 가치는 영업이익의 10배로 합니다(그림 3-6). '잠깐! 어째서 사업 가치가 영업이익의 10배지? 좀 전에는 "가치는 이익을 기대수익률로 나눈 것"이라고 했잖아'라며 화를 내는 분들도 있을지 모르겠습니다.

[그림 3-5] 프로토코퍼레이션의 영업이익의 추이

과거 3기의 실적은 나쁘지 않다

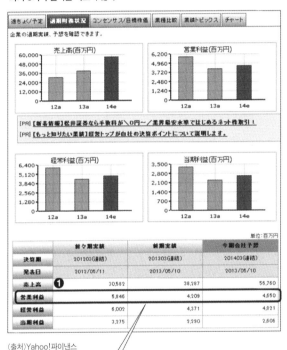

영업이익
평균 49억엔

(출처)Yahoo!파이낸스

Yahoo!파이낸스에서는
영업이익의
과거 3기분의 정보를
얻을 수 있다

〔그림 3-6〕 사업 가치

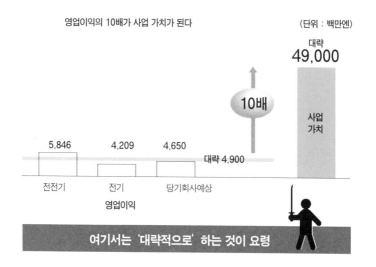

영업이익의 10배가 사업 가치가 된다

(단위 : 백만엔)

대략
49,000

10배

사업
가치

5,846   4,209   4,650

대략 4,900

전전기   전기   당기회사예상

영업이익

여기서는 '대략적으로' 하는 것이 요령

사실, 이 '영업이익의 10배'라는 것은 사업 가치를 산출하기 위한 편의상의 공식입니다. 왜 10배로 하는지에 대해서는, 물론 이유가 있습니다. 예를 들어 설명하겠습니다(그림 3-6).

우선 영업이익이 10억엔인 회사가 있다고 합시다. 영업이익이란 사업을 통해 벌어들이는 이익이므로 사업 가치를 산출하는 기초가 됩니다. 여기까지는 이해에 문제가 없을 것입니다.

이제부터가 문제입니다. 이 영업이익에서 세금을 뺍니다. 일본의 실효세율은 약 40%이므로 영업이익이 10억엔일 경우 4억엔이 세금으로 빠집니다. 남은 6억엔이 실제로 사업에서 벌어들이는 이익이 됩니다.

이 나머지 6억 엔을 기대수익률 6%로 나누면,

$$6억\ 엔 \div 0.06 = 100억엔$$

이 됩니다.(주: 주식의 기대수익률은 대체로 5~9%인데, 은행도 사업에서의 수익을 기대하고 회사에 대출을 하고 있습니다. 그 금리가 3% 정도라고 하면, 주주의 기대수익률과 은행의 대출이자 사이의 대략적인 중간 지점인 6% 정도를 투자자와 은행 모두가 기업에 기대하고 있는 수익률이라고 생각하는 것입니다. 보다 상세하게 가치를 측정할 때에는 자기자본비율이 높으면, 즉 은행보다 주주 쪽이 돈을 내고 있는 비율이 높으면 기대수익률을 9% 정도, 낮으면 5% 정도로 조절하기도 합니다)

〔그림 3-7〕 왜 10배인가?

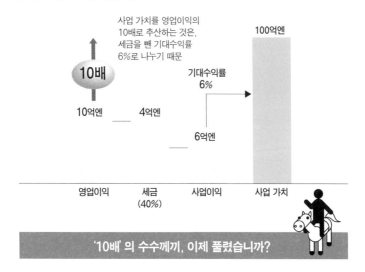

사업 가치를 영업이익의
10배로 추산하는 것은,
세금을 뺀 기대수익률
6%로 나누기 때문

10배

100억엔

기대수익률
6%

10억엔   4억엔

6억엔

영업이익   세금   사업이익   사업 가치
          (40%)

'10배'의 수수께끼, 이제 풀렸습니까?

　그렇게 나온 이 100억엔을 보면 앞서 영업이익 10억엔의 10배
가 되어 있는 것을 알 수 있습니다. 이것이 사업 가치를 영업이익
의 10배로 하는 이유입니다. 즉, 사업 가치의 계산을 전술한 가치
의 방정식을 사용하여 다음과 같이 설명하고 있는 것입니다.

사업 가치 = 영업이익 × 0.6(세율 40%를 공제) ÷ 0.06
= 영업이익 × 10(배)

이것으로 사업 가치를 대략적으로 계산하는 방법을 알았습니다. 따라서 프로토코퍼레이션의 사업 가치는 미래 예상 영업이익 49억엔의 약 10배인 490억엔으로 산출되었습니다.

> **프로토코퍼레이션의 사업 가치 = 매년의 영업이익(약 49억엔)×10**
> **= 490억 엔**

⦂ 재산은 예금통장과 시골의 산림

2단계 '재산 가치'를 평가한다

재산 가치란 회사가 보유하고 있는 현금과 토지 등의 자산을 말하며, 사업을 하는 데는 직접적인 필요가 없습니다. 기업이 내부에 유보해둔 재산 가치를 파악내기 위해서는 두 가지를 확인해야 합니다. 하나는 유동자산 중의 재산 부분, 또 하나는 고정자산 중의 재산 부분입니다.

'유동'이라는 것은 돈으로 바꾸기 쉽다(1년 이내에 환금 가능)는 의미입니다. 그러므로 유동자산이란 1년 이내에 돈을 바꿀 수 있는 자산을 말합니다. 한편 고정자산은 1년 이내에 돈으로 바꿀 수 없는 것입니다. 예컨대 예금은 언제라도 바로 돈으로 사용할 수 있기 때문에 유동자산이고, 소유하고 있는 집은 금방 팔리지는 않기 때문에 고정자산이 됩니다.

유동자산이나 유동부채, 고정자산 등은 대차대조표에 기재되어 있습니다. 이 대차대조표는 꽤 복잡해서 간단히 이해하기 어려울지도 모릅니다. 대차대조표에 익숙해지기 위해 가장 좋은 방법은, 스스로 대강 그려보는 것입니다. 저는 투자 대상 기업의 대차대조표를 반드시 수첩에 그려두고, 항상 그 재무 상황을 파악할 수 있도록 하고 있습니다(그림 3-8).

〔그림 3-8〕대차대조표를 스스로 그려 본다

프로토코퍼레이션는 유동자산이 매우 많다

(단위: 백만엔)

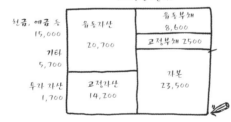

프로토코퍼레이션의 대차대조표
(2013년 1분기)

현금, 예금 등 15,000	유동자산 20,700	유동부채 8,600
기타 5,700		고정부채 2,500
투자 자산 1,700	고정자산 14,200	자본 23,500

(주)이 표는 개략적인 수치이며, 대차는 일치하지 않습니다.

대차대조표에 익숙해지려면 우선 스스로 그려볼 것

그럼, 재산 가치로 이야기를 되돌리겠습니다. 두 가지 재산 가치 가운데, 우선은 유동자산 중 재산 부분을 생각합니다. 유동자산 중 재산 부분은 유동부채를 1.2배 한 것을 유동자산에서 뺀 것입니다.

여기서 또 의문이 생깁니다. 왜 재산 가치를 구하기 위해 유동부채를 1.2배 한 것을 유동자산에서 빼는 것일까요? 좀 복잡하지만 잘 따라와주십시오.

지금부터 산출하려는 것은 사업에 필요가 없는 재산입니다. 그래서 1년 이내에 돈으로 바꿀 수 있는 유동자산 가운데, 역으로 1년 이내에 빠져나갈 돈(유동부채)의 1.2배 이상의 돈(유동자산)은 기본적으로는 사업에 필요 없는 재산일 것이라 예상할 수 있습니다.

그럼 그 숫자가 왜 1.2배일까요? 그것은 바로 상장기업의 유동비율, 즉 유동부채에 대한 유동자산의 배율이 평균 1.2배이기 때문입니다. 따라서 유동부채의 1.2배를 초과하는 부분의 환금성이 높은 유동자산은 재산 가치로 간주하자고 생각하고 있는 것입니다.(주: 이 유동비율은 업종에 따라 차이가 있습니다. 예컨대 도매업은 비교적 많은 금액의 유동자산을 가질 필요가 있기 때문에 1.5배로 하는 등, 익숙해지면 스스로 조절해보는 것이 좋습니다.)

〔그림 3-9〕 프로토코퍼레이션의 유가증권보고서(2013년 1분기)

〔연결대차대조표(자산)〕

1 【連結財務諸表等】
　(1)【連結財務諸表】
　　①【連結貸借対照表】

(単位：千円)

	前連結会計年度 （平成24年3月31日）	当連結会計年度 （平成25年3月31日）
資産の部		
流動資産		
現金及び預金	11,734,088	※3　14,950,529
受取手形及び売掛金	※2　3,078,917	※2　3,754,599
商品及び製品	92,030	585,043
仕掛品	81,276	86,468
原材料及び貯蔵品	21,122	17,129
繰延税金資産	218,144	162,605
その他	644,750	1,151,649
貸倒引当金	△14,911	△21,824
流動資産合計	15,855,418	❷　20,686,201
固定資産		
有形固定資産		
建物及び構築物	5,490,179	5,462,394
減価償却累計額	※4　△2,491,163	※4　△2,556,938
建物及び構築物（純額）	2,999,015	2,905,456
土地	4,021,355	※1　4,076,622
その他	533,577	927,836
減価償却累計額	※4　△349,515	※4　△428,074
その他（純額）	184,061	499,762
有形固定資産合計	7,204,432	7,481,841
無形固定資産		
のれん	3,160,304	3,485,067
その他	483,288	1,469,222
無形固定資産合計		4,954,289
投資その他の資産		
投資有価証券	623,758	317,374
繰延税金資産	435,837	404,179
その他	882,217	※1　1,064,860
貸倒引当金	△60,104	△67,447
投資その他の資産合計	1,881,707	❹　1,718,966
固定資産合計	12,729,733	14,155,097
資産合計	28,585,152	34,841,299

유동자산 합계

20,686,201 ❷

1,718,966 ❹

(출처)EDINET

투자 자산

[연결대차대조표(부채)]

(単位：千円)

	前連結会計年度 (平成24年3月31日)	当連結会計年度 (平成25年3月31日)
負債の部		
流動負債		
支払手形及び買掛金	896,845	941,919
短期借入金	-	※1 1,499,370
1年内返済予定の長期借入金	48,594	※1 1,717,373
1年内償還予定の社債	-	42,800
未払費用	1,457,422	1,738,716
未払法人税等	991,976	368,668
前受金	1,656,574	1,568,422
退品調整引当金	105,090	100,176
賞与引当金	52,217	85,303
退金引当金	2,768	323
ポイント引当金	-	3,240
その他	362,086	512,107
流動負債合計	5,573,575	③ 8,578,422
固定負債		
長期借入金	5,840	※1 1,764,810
役員退職慰労引当金	246,050	264,650
資産除去債務	74,002	74,457
負ののれん	12,143	2,370
その他	103,805	407,948
固定負債合計	441,842	⑤ 2,514,237
負債合計	6,015,418	11,092,659
純資産の部		
株主資本		
資本金	1,824,620	1,824,620
資本剰余金	2,011,736	2,011,739
利益剰余金	18,675,287	20,128,566
自己株式	△13,806	△509,712
株主資本合計	22,497,837	23,455,214
その他の包括利益累計額		
その他有価証券評価差額金	74,252	70,187
為替換算調整勘定	△2,357	223,238
その他の包括利益累計額合計	71,895	293,425
純資産合計	22,569,733	23,748,639
負債純資産合計	28,585,152	34,841,299

유동부채 합계

고정부채 합계

8,578,422

2,514,237

유동부채가 약 86억엔, 고정부채가 약 25억엔이 있다

이 유동자산 중의 재산은 가계를 예로 들면 '우리 집의 경우, 매월 카드 결제액이 20만엔은 되니까, 은행 잔고와 월급을 합쳐 적어도 그 1.2배인 24만엔은 가지고 있어야 한다. 하지만 그 이상의 돈은 우리 재산으로 봐도 좋겠지'라고 생각하는 것과 마찬가지입니다.

다음으로 나머지 하나의 재산 부분, 즉 고정자산 중의 재산 부분에 관해 보기로 합니다. 고정자산 중 재산이라고 볼 수 있는 부분은 투자 자산입니다. 일반적으로 일본의 기업은 내부에 재산을 축적하는 일이 많아서, 사업에 필요한 현금 이외의 자금을 사용하여 다른 회사의 주식을 사거나 정기예금에 가입하는 사례가 많습니다. 이러한 것들은 1년 이상 회사라는 '창고' 안에 잠들어 있습니다. 이것을 나타내는 것이 고정자산 중 '투자자산' 입니다.

고정자산의 재산은 '상당히 소박한 생활을 하고 있는 시골 노인이 사실은 산을 몇 개나 갖고 있는' 경우와 비슷한 것으로 이해할 수 있습니다.

이상을 근거로 해서 재산 가치를 나타내는 공식을 구해보면 다음과 같습니다.

재산 가치 = 유동자산 - (유동부채 × 1.2)
+ 고정자산 중의 '투자 자산'

이 공식에 프로토코퍼레이션의 예를 적용해봅시다.

우선 유동부채를 1.2배하고, 그것을 유동자산에서 뺀 것을 사용합니다. 프로토코퍼레이션의 경우는 유동자산 약 207억엔에 대하여 유동부채가 약 86억엔이므로,

207억엔 - (86억엔 × 1.2) = 103억 8천만엔

이 됩니다. 프로토코퍼레이션의 유동자산을 보면, 그중 현금, 예금이 약 72%를 차지합니다. 여기에 고정자산 중 '투자자산'도 있습니다. 이것이 전부 17억엔이라고 나와 있습니다. 그러면, 합계 약 121억엔 정도의 재산 가치가 있다고 할 수 있습니다(그림 3-10).

재산 가치 = 103.8억엔 + 17억엔
= 120.8억엔 → 약 121억엔

재산 가치 = 유동자산 - (유동부채 × 1.2배) + 고정자산 중의 '기타투자자산'

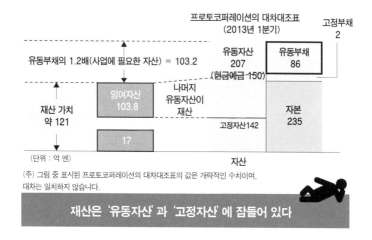

(주) 그림 중 표시된 프로토코퍼레이션의 대차대조표의 값은 개략적인 수치이며,
대차는 일치하지 않습니다.

재산은 '유동자산' 과 '고정자산'에 잠들어 있다

⋮ 빚을 빼면 완성!

3단계 부채를 뺀다

1단계에서 도출한 사업 가치(약 490억엔)와, 2단계에서 도출한
재산 가치(약 121억 엔)를 더하면 프로토코퍼레이션의 기업 가치
가 됩니다.

> 기업 가치 = 사업 가치(약 490억엔)＋재산 가치(약 121억엔)
> 　　　　 = 약 611억엔

이제 이 약 611억엔에서 부채를 빼지 않으면 안 됩니다.

프로토코퍼레이션의 고정부채 25억엔을 뺍니다. 보다 정교하게 하고 싶은 경우에는 장기차입금과 임직원 퇴직급여충당금을 뺍니다만, 이번에는 더 보수적으로 고정부채를 모두 빼기로 합니다.

> 611억엔 – 25억엔＝586억엔

이렇게 하여 구해진 약 586억엔이 프로토코퍼레이션 주주가치의 개략적인 계산 값입니다.

: 1주당 가치는 얼마일까?

4단계 발행 주식 수로 나눠 1주의 가치를 산출한다.

마지막으로, 586억엔을 프로토코퍼레이션의 발행 주식 수 (2,094만주)로 나누면, 1주당 가치가 나옵니다.

586억엔 ÷ 2,094만주 = 2,798엔

〔그림 3-11〕 **프로토코퍼레이션의 주가와 가치 산정의 단계**

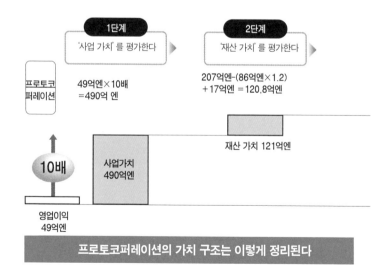

프로토코퍼레이션

1단계
'사업 가치'를 평가한다

49억엔×10배
=490억 엔

2단계
'재산 가치'를 평가한다

207억엔-(86억엔×1.2)
+17억엔 =120,8억엔

재산 가치 121억엔

10배

사업가치
490억엔

영업이익
49억엔

프로토코퍼레이션의 가치 구조는 이렇게 정리된다

발행 주식 수는 Yahoo!파이낸스에서 확인해주십시오. 계산을 하면, 1주당 주주가치는 약 2,798엔이 됩니다.

여기까지의 계산의 상황을 가치 계산의 단계에 적용한 것이 〔그림 3-11〕입니다. 1주당 가치의 산정 결과인 2,798엔을 2013년 6월 현재의 주가 1,283엔과 비교하면 저평가되어 있다는 것을 알 수 있습니다. 프로토코퍼레이션의 주식은 왜 저평가되어 있을까요? 주가상승의 재료가 이해되면 '사자'로 판단할 수 있습니다. (물론 투자는 자기책임입니다.)

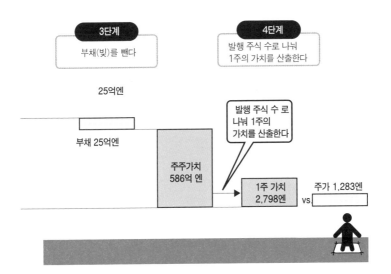

: 안전마진이라는 발상

    지금까지 서술해온 기업 가치 계산 방법은 대략적인 것으로, 완전한 계산식이라고는 할 수 없습니다. 물론 개별 기업에 맞춰 기대수익률을 바꾸거나 재산 가치의 평가 방법을 바꾸는 일도 필요합니다. 실제로 기업을 매수할 때는 현금흐름 등을 고려하여 보다 상세하게 가치를 계산하게 됩니다.

    그러면 주식 투자로 수익을 올리기 위해서는 보다 정확하고 엄밀한 분석이 필요한 것일까요? 꼭 그렇지만은 않습니다. 그 힌트는 '안전마진'이라는 사고방식에 있습니다(그림 3-12). 안전마진이란 간단히 말하면 가치와 주가의 차이의 크기, 즉 저평가되어 있는 정도를 의미합니다. 저평가도가 높을수록 주가의 상승 여지가 큰 셈이므로, 우리 개인 투자자로서는 가치를 엄밀히 계산하는 것보다 이 안전마진의 크기를 의식하는 편이 보다 중요합니다. 만일 상세하게 가치를 계산해야만 하는 상황이라면, 개인 투자자로서 그러한 기업에 투자하는 일은 삼가는 것이 더 바람직합니다.

〔그림 3-12〕 안전마진

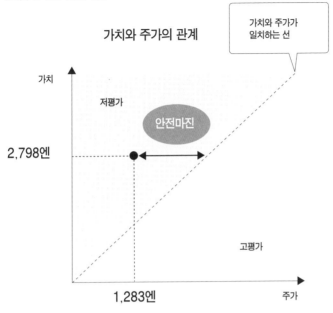

가치와 주가의 관계

가치와 주가가
일치하는 선

가치

저평가

안전마진

2,798엔

고평가

1,283엔

주가

안전마진은 클수록 좋다

저평가주를
어떻게 찾을 것인가?

기업 가치의 구조를 이해했다면, 이번에는 어떻게 해서 저평가 된 주식을 찾을 것인가 하는 것이 초점이 됩니다. 현재 일본에는 약 3,600사의 상장기업이 있는데, 이것을 모두 살펴보는 것은 불가능합니다.

따라서 유망한 기업을 어느 정도(최대 100사)까지 압축하여, 저평가된 종목을 골라낼 필요가 있습니다. 이것을 스크리닝이라고 합니다. 여기서는 몇 가지 스크리닝 도구를 간단히 소개하겠습니다.

① 무료 스크리닝 엔진
② 증권회사의 스크리닝 엔진

: 스크리닝 엔진

입문편으로서 무료 스크리닝 엔진을 이용하는 것은 매우 효과적입니다. 예컨대 간단히 스크리닝할 수 있는 사이트로, 'DZH파이낸셜 리서치'가 운영하는 트레이더즈 웹(www.traders.co.jp/domestic_stocks/invest_tool/screening/screening_top.asp)이 있습니다. 우선은 이 사이트에서 간단히 스크리닝을 해봅시다.

이 사이트에서 저평가도를 검토할 때에는 PER(주가수익비율)이나 PBR(주가순자산비율), 매출액성장률 등을 사용하면 좋을 것입니다. 주식의 초보자라면 PER은 '10배 이하', PBR은 '1배 이하'라는 조건으로 스크리닝을 해보면 좋을 것입니다. 이 조건은 주식 투자를 '예금'에 비교할 때, 원금 보장에 수익률 10%라는 의미를 갖습니다(PER나 PBR의 의미에 관해서는 다음 Column의 'PER, PBR, ROE의 유쾌한 관계'를 참조하십시오). 2013년 6월 13일 현재 이 조건으로 466종목이 선별되었습니다.

⁞ 증권회사의 스크리닝 엔진

대부분의 인터넷 증권회사는 독자적인 스크리닝 엔진을 계좌 개설자에게 무료로 제공하고 있습니다. 그중에서도 특히 정보량이 많고 검색할 때 부하가 걸리지 않아 속도가 빠른 곳을 추천합니다.

스크리닝을 할 때 핵심은 조건을 너무 엄격하게 정하지 않는 데 있습니다. 우선 정량적으로 대략 압축한 후, 그 다음은 천천히 제4장에서 소개하는 사업 소질의 분석 방법 등을 이용하여 정성적으로 유망 기업을 압축해가면 좋을 것입니다.

한 주의 가치를 대략적으로 산출하는 방법, 이해가 되셨습니까? 처음에는 어렵게 느껴질지도 모르지만, 익숙해지면 5분 안에 끝낼 수 있게 됩니다.

마지막으로 본장에서 설명한 주주가치 산정의 방법을 요약하면 [그림 3-13]과 같이 됩니다.

〔그림 3-13〕 저평가도의 구조

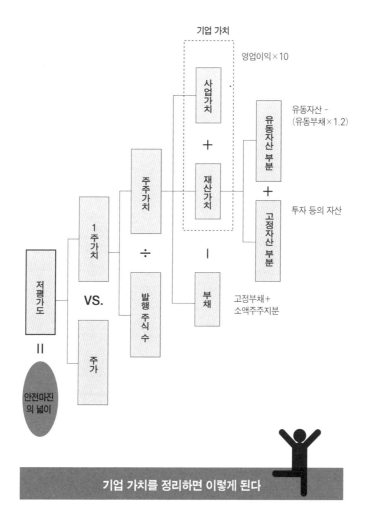

기업 가치

영업이익×10

유동자산 −
(유동부채×1.2)

투자 등의 자산

고정부채＋
소액주주지분

기업 가치를 정리하면 이렇게 된다

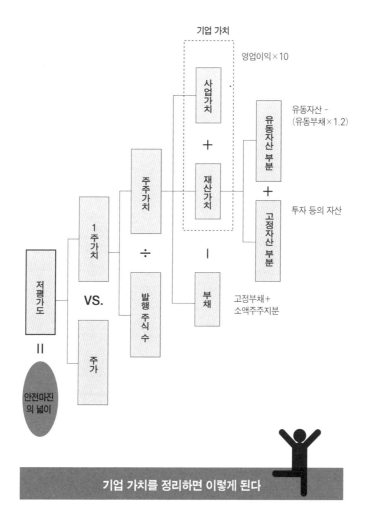

요약

① 기업은 통째로 평가한다.

② 일본 기업의 기업 가치를 산정할 때는 사업 가치와 재산 가치를 더한다.

③ 사업 가치는 영업이익의 10배로 놓는다.

④ 재산 가치는 유동부채의 1.2배를 뺀 부분의 유동자산과 고정자산 중의 '투자 자산'을 더한다.

⑤ 스크리닝 도구를 사용하여 저평가 주식을 추려낸다.

⠿ PER, PBR, ROE의 유쾌한 관계

PER, PBR, ROE. 이 세 가지는 아마 주식 투자를 하는 데 있어 가장 주된 지표일 것입니다. 그러나 주변을 둘러보면 이들 지표 하나하나의 의미는 알고 있어도 세 가지 지표의 관계에 관해서는 잘 모르는 사람들이 많은 것 같습니다. 그래서 이번 칼럼에서는 세 가지 지표의 관계에 관하여 살펴보려 합니다(그림 '세 가지 지표'를 참조해주십시오).

우선 ROE(Return On Equity:자기자본이익률)부터 시작합시다. ROE는 자본의 '효율'을 의미합니다. 즉, ROE에는 그 자본을 사용해서 얼마나 이익을 올렸는가라는 의미가 있습니다. 일반적으로 '좋은 회사'란 ROE가 높은 회사, 즉 자본을 효율적으로 사용하고 있는 회사를 말합니다. 그림을 보면 이 회사는 100억엔의 순자산을 사용하여 연간 10억엔의 이익을 내고 있습니다. 따라서 이 회사의 ROE는 10%(10억엔 ÷ 100억엔)가 됩니다. 일본 기업의 ROE 평균은 4~5% 정도이므로 이 회사의 ROE는 상대적으로 조금 높은 편입니다.

〔그림〕세 가지 지표

PER, PBR, ROE의 세 가지 지표의 본질적 의미를 알아두면 편리하다

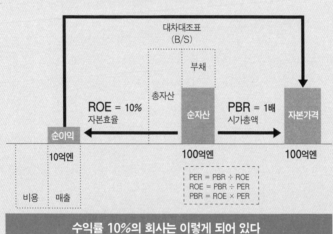

PER = 10배(수익률 10%)

대차대조표
(B/S)

부채

총자산

ROE = 10%
자본효율

순자산

PBR = 1배
시가총액

자본가격

순이익

10억엔

100억엔

100억엔

PER = PBR ÷ ROE
ROE = PBR ÷ PER
PBR = ROE × PER

비용 매출

수익률 10%의 회사는 이렇게 되어 있다

다음으로 PBR(Price Book-value Ratio : 주가순자산배율)를 살펴봅니다. ROE가 자본의 '효율'을 의미하는 것에 비하여 이 PBR는 자본의 '가격'을 나타낸다고 생각하면 됩니다. 그림의 PBR는 1배이므로, 순자산의 액수와 같은 가격이라는 말이 됩니다. 즉, 이 회사의 주식을 산다는 것은 ROE 10% 효율의 자본을 그와 동등한 금액으로 사는 셈입니다.

마지막 PER(Price Earnings Ratio : 주가수익비율)는 기업이 올리는 이익에 대한 주가의 배율을 나타내고 있습니다. 앞서 ROE는 자본이 가져오는 이익의 비율, PBR는 그 자본의 가격이라고 설명했습니다만, PER는 둘 사이의 자본을 상쇄하고 이익과 가격을 직접 결부시킨 지표입니다.

그렇다면 이것은 제 2장 '가치란 무엇인가'에서 설명한 수익률의 사고방식과 동일한 것으로 이해할 수 있습니다. 수익률은 이익을 투자액(주가)으로 나눈 것이지만, 이 PER는 투자액(주가)이 이익의 몇 배인가를 표시한 것으로, 이 둘은 보는 방식이 다를 뿐 동일한 지표입니다.

세 가지 지표의 관계를 이해하면, 투자에 관해서도 다양하게 깨닫게 됩니다. 예컨대 ROE가 높아서 자본 효율이 좋아도, 그 자본의 가격인 PBR가 높으면 투자 대상으로서는 별로 좋지 않다거나, PER가 높아 일견 고평가된 것으로 보여도 실은 당기 이익이 낮을 뿐, 이 장에서 설명한 바와 같이 기업이 내부에 축적한 재산이 많이 있는 경우 등은 투자 대상으로서 유망하다는 것 등을 터득하게 됩니다.

투자를 할 때는 직접 대차대조표와 이러한 세 가지 지표를 나타내는 그림을 메모장에 간단히 그려보는 것도 좋은 방법입니다.

우리나라의 기업 정보 찾기

▶ 전자공시시스템(http://dart.fss.or.kr)

▶ 다음 (http://stock.daum.net)

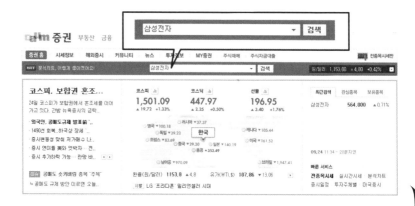

* '기업정보'를 클릭하면 주요 현황에서부터 기업일정까지 알 수 있다
* '차트'를 선택하면 다양한 조건의 차트를 볼 수 있다

요약 손익계산서

* A:연간, Q:분기(최근 4개분기 재무항목을 합산), 단위:백만원

계정명	2005/12(A)	2006/12(A)	2007/12(A)	2008/06(Q)
매출액	57,457,670	58,972,765	63,175,968	69,403,527
매출원가	40,158,150	42,359,753	46,846,546	50,069,295
매출총이익	17,299,520	16,613,012	16,329,422	19,334,232
판매비와관리비	9,239,745	9,679,079	10,386,567	11,437,349
노무비및복리후생비	865,899	831,935	917,922	917,922
영업이익	8,059,775	6,933,933	5,942,855	7,896,883
영업외수익	2,671,359	3,409,422	4,162,084	4,699,011
영업외비용	1,860,662	1,127,158	1,474,935	2,235,189
영업외이자수익	209,580	238,722	278,731	368,975
영업외이자비용	42,214	48,877	47,829	49,707
순이자비용(영업외)	-167,366	-189,845	-230,902	-319,268
감가상각비	5,060,475	5,680,609	7,056,791	7,403,183

▶ 네이버 (http://stock.naver.com)

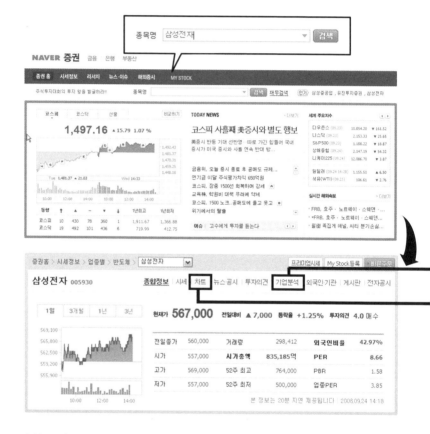

* '기업분석' 을 클릭하면 주요 현황에서부터 기업일정까지 알 수 있다
* '차트' 를 선택하면 다양한 조건의 차트를 볼 수 있다

Financial Highlight

	Recent A. 2007.12	Annual				Net Quarter			
	Recent Q. 2008.6	2004.12	2005.12	2006.12	2007.12	2007.09	2007.12	2008.03	2008.06
EPS(원)		67,899	49,970	52,880	49,532	14,991	15,114	14,952	14,611
BPS(원)		200085.11	230354.27	262960.63	299720.68	286,619	299,720	308,985	326,483
보통주DPS(현금,원)		10,000	5,500	5,500	8,000		8,000		
발행주식수(보통주,천주)		147,299	147,299	147,299	147,299	147,299	147,299	147,299	147,299
PER(배)		7.48	12.93	10.70	12.84	10.34	12.84	13.14	10.24
PBR(배)		2.56	2.80	2.15	2.12	1.89	2.12	2.17	1.82
배당수익률(보통주,현금,)		1.95	0.85	0.97	1.26	1.07	1.26	1.23	1.43
매출액(억원)		576,323	574,576	589,727	631,759	166,805	174,765	171,073	181,390
영업이익(억원)		120,168	80,597	69,339	59,428	20,659	17,830	21,540	18,937
영업이익률(%)		20.85	14.03	11.76	9.41	12.39	10.20	12.59	10.44
당기순이익(억원)		107,867	76,402	79,260	74,250	21,912	22,120	21,875	21,419
순이익률(%)		18.72	13.30	13.44	11.75	13.14	12.66	12.79	11.81
ROA(%)		24.62	15.12	13.71	11.38	3.54	3.39	3.24	3.02
ROE(%)		31.32	19.27	17.51	14.40	4.44	4.29	4.12	3.81
자본총계(억원)		344,404	396,566	452,605	515,606	493,196	515,606	531,442	561,523
부채총계(억원)		93,761	108,821	125,485	136,646	125,727	136,646	144,055	148,052
부채비율(%)		27.22	27.44	27.73	26.50	25.49	26.50	27.11	26.37
자본금(억원)		8,975	8,975	8,975	8,975	8,975	8,975	8,975	8,975
유보율(%)		4112.10	4872.48	5663.14	6387.22	6140.82	6387.22	6540.21	6783.60

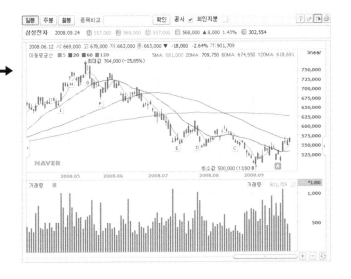

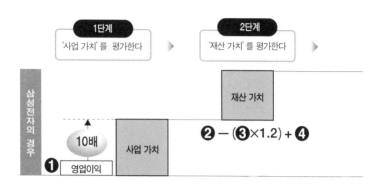

1단계 '사업 가치'를 평가한다 ▶ **2단계** '재산 가치'를 평가한다 ▶

삼성전자의 경우

재산 가치

10배 | 사업 가치

❷ − (❸×1.2) + ❹

❶ 영업이익

[연결손익계산서]

영업이익 ❶

[연결대차대조표(자산)]

❷ 유동자산합계

❹ 투자자산 합계

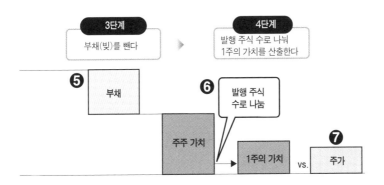

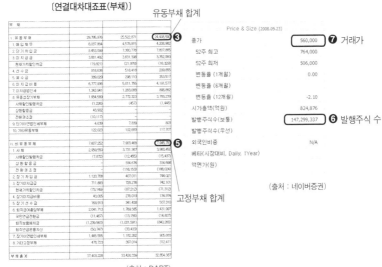

우리나라의 무료 스크리닝 엔진

▶ 밸류스타 조건 검색(http://www.valuestar.co.kr/tetris/conditionSearch.jsp)

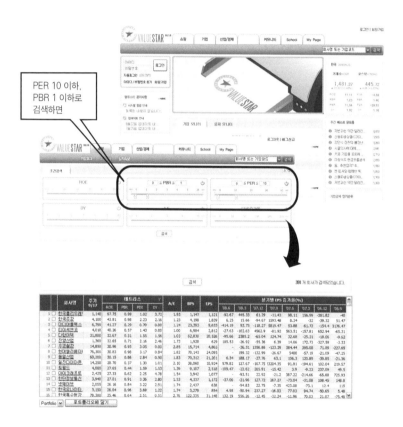

> PER 10 이하,
> PBR 1 이하로
> 검색하면

▶ QuantV의 밸류파인더 검색 (http://www.quantv.com/stocks/valuefinder/)

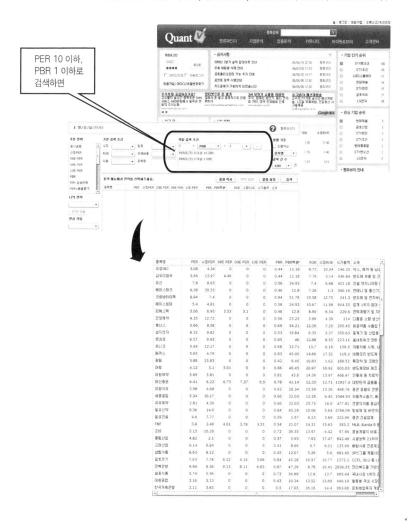

제4장

가치의 '원천'을
간파하려면?

THE SMART
INVESTOR

결과를 초래하는
원인에 눈을 돌리자

: '과거의 결과'로부터 '미래의 결과'가 나오는 것은 아니다

제3장의 내용을 익히면, 기업 가치를 대략적으로 산출하는 것은 어느 정도 가능해집니다. 그 다음은 보다 상세하게 가치를 산정하기 위해 회계·재무 지식을 조금씩 늘려가는 것이 좋습니다.

그러나 잊어서는 안 되는 것이 한 가지 있습니다. 그것은 재무나 회계로부터 나오는 수치는 단순히 회사가 과거에 낳은 실적, 즉 '결과'에 불과하다는 것입니다. 재무나 회계는 결과를 읽는 방법을 가르쳐주는 것입니다. 당연한 이야기지만, 결과를 읽는 방법을 아무리 배워도 미래의 결과를 예측하는 것은 쉬운 일이 아닙니다.

물론 프로토 주식회사의 예와 같이 단순히 과거 실적의 평균과 추세를 근거로 장래의 실적을 추정하는 것도 한 방법입니다. 단, 이 방법은 어디까지나 편의적인 방법에 불과합니다.

세상 모든 것은 인과관계로 이루어져 있습니다. 원인이 있기 때문에 결과가 있습니다. 중요한 것은 결과를 낳는 원인, 즉 그 회사가 가치를 창출하는 '구조'를 파헤치는 것입니다. 이 구조를 파헤치는 것이 가능해지면 결과 수치에 현혹되지 않고 정말로 좋은 회사를 발견할 수 있게 될 것입니다.

이제부터 설명하는 내용은 상급 투자자를 위한 것입니다. 투자의 본질을 보다 깊이 이해하기 위해서는 큰 도움이 될 내용이지만, 주식 투자를 이제 막 시작한 독자라면 4절까지는 건너뛰고 읽어도 상관없습니다.

❖ 이익의 원천을 간파하는 네 가지 질문

기업이 이익을 내기 위해서는 무언가 구조가 필요합니다. 이 절에서는 그 이익은 대체 어디에서 창출되는지, 그 원천에 관하여 생각해볼 것입니다.

저는 투자를 할 때 항상 다음 네 가지 질문을 스스로에게 던지고 있습니다.

① 그 기업은 '무엇에서' 돈을 벌고 있는가?

② '왜' 벌 수 있었는가?

③ 앞으로 돈을 버는 구조에 변화는 있는가?

④ 이제부터 '얼마나' 돈을 벌 수 있는가?

〔그림 4-1〕 인과의 매트릭스

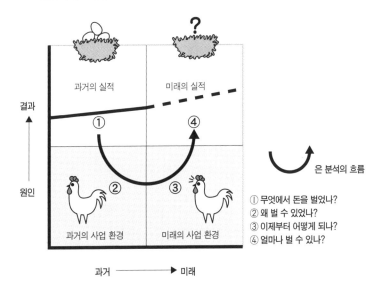

달걀(이익)은 항상 닭(사업)이 낳는다는 것을 잊지 말자!

과거의 실적   미래의 실적

결과

①   ④

은 분석의 흐름

원인

②   ③

① 무엇에서 돈을 벌었나?
② 왜 벌 수 있었나?
③ 이제부터 어떻게 되나?
④ 얼마나 벌 수 있나?

과거의 사업 환경   미래의 사업 환경

과거 ──────▶ 미래

투자자가 정말 알고 싶은 것은, 당연히 '④ 이제부터 "얼마나" 벌 수 있는가?' 입니다. 그러나 이것을 알기 위해서는 다소 돌아갈 필요가 있습니다. 그것이 ①~③을 고려하는 과정입니다.

그런데 사람들은 대부분 이렇게 돌아가는 것을 싫어합니다. 하지만 정말로 손에 넣고 싶은 것은 그리 간단히 손에 들어오지 않는 법입니다.

〔그림 4-1〕을 보십시오. 이것은 제가 '인과의 매트릭스'라고 부르는 것으로, 세로축은 원인과 결과, 가로축은 과거와 미래를 나타내고 있습니다.

투자에 익숙하지 않은 사람은 미래의 실적을 예상하여 주식을 삽니다(그림 4-2의 ①). 그러나 애초에 그 미래의 실적을 창출하는 원천, 즉 인과의 매트릭스의 오른쪽 아래를 보지 않았기 때문에 예상은 당연히 빗나갑니다.

통계 애널리스트는 과거의 결과를 근거로 미래의 결과를 예상합니다(그림 4-2의 ②). 단, 과거의 결과는 어디까지나 결과일 뿐이므로 미래 예측에 실패하는 일도 있습니다. 미래의 결과를 예측하기 위해서는 현재와 미래의 결과를 초래하는 원인에 관하여 깊이 분석할 필요가 있습니다.

업계 종사자는 그 업계의 내부 사정을 매우 잘 알고 있기 때문에 사업의 성공 포인트가 무엇이며, 업계가 장차 어떤 방향으로 변화할 것인지 알고 있습니다. 그러나 그것이 실적에 어느 정도의 영향을 줄 것인가, 하는 정량적인 관점이 약한 경향이 있습니다(그림 4-2의 ③). 그런 경우에는 인과의 매트릭스의 상단, 즉 결과의 관점이 누락되어 기업의 가치를 정확히 판단할 수가 없습니다.

현명한 투자자는 원인과 결과, 과거와 장래라는 네 가지 영역을 구석구석 조감할 수 있습니다(그림 4-2의 ④). 그러므로 기업이 처한 상황을 정확하게 인식할 수 있습니다.

우리는 우선 인과의 매트릭스의 좌측 상단, 즉 과거의 실적을 보고 ①그 기업은 "무엇에서" 돈을 벌고 있는가?'를 규명하고, 이어서 좌측 하단의 시점 ②"왜" 벌 수 있었는가?'를 분석할 필요가 있습니다. 우측 하단의 ③앞으로 돈을 버는 구조에 변화가 있는가?'를 알기 위해서는 그 업계의 향후 동향을 간파할 필요가 있습니다. 그리고 마지막으로 ④이제부터 "얼마나" 벌 수 있는가?'를 예상하여, 그 결과를 근거로 제3장에서 배운 가치 평가 기법을 사용하여 기업 가치를 산정합니다.

여기서는 특히 중요한 ①"무엇에서" 돈을 벌고 있는가?'와 ②"왜" 벌 수 있었는가?'에 관하여 구체적인 분석 기법을 소개하겠습니다. 기업 매수의 세계에서는 이 분석 프로세스를 '듀 딜리전스(Due Diligence, 기업 실사)'라고 합니다.

〔그림 4-2〕 인과의 매트릭스의 어디에 주목하고 있는가?

❶ 초심자의 눈높이

초심자는 이상적인 미래를 꿈꾼다

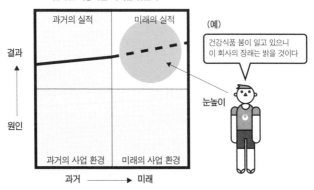

❷ 통계 애널리스트의 눈높이

통계 애널리스트는 과거의 결과로부터 미래를 예측한다

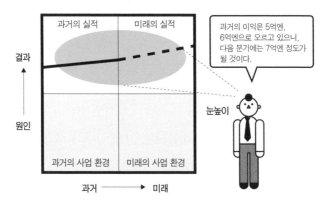

❸ 업계 종사자의 눈높이

업계 종사자는 숫자에 약하다

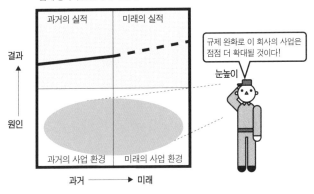

규제 완화로 이 회사의 사업은 점점 더 확대될 것이다!

❹ 현명한 투자자의 눈높이

현명한 투자자는 인과관계를 조망한다

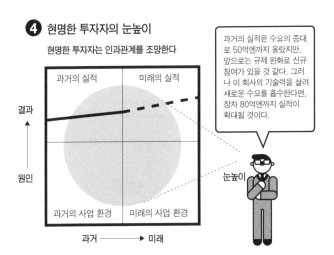

과거의 실적은 수요의 증대로 50억엔까지 올랐지만, 앞으로는 규제 완화로 신규 참여가 있을 것 같다. 그러나 이 회사의 기술력을 살려 새로운 수요를 흡수한다면, 장차 80억엔까지 실적이 확대될 것이다.

ː 나무를 보기 전에 숲을 보자

물음 1 그 기업은 '무엇에서' 벌고 있는가?

대부분의 기업은 사업의 복합체로 다양한 제품을 판매하고 있습니다. 돈벌이가 되는 상품도 있는 반면, 쓸모없어 보이는 사업을 영위하기도 합니다. 많은 사업과 제품군을 전부 볼 수는 없습니다. 따라서 기업의 실적이 전반적으로 어떤 사업과 제품으로부터 유래하고 있는가를 세세하게 분해하여 무엇이 기업 가치의 대부분을 점하는가를 알 필요가 있습니다.

가업의 사업보고서나 감사보고서 등을 살펴보면 어느 사업에서 얼마만큼의 매출과 이익을 올리고 있는지를 알 수 있습니다.

실적 분해의 유형은 대체로 다음 세 가지로, 공개된 정보를 통해서는 이 정도의 정보만을 얻을 수 있습니다.

① 사업별
② 지역별
③ 고객별

사업과 지역, 고객을 축으로 매출과 이익을 분해하여 조각조각 떼어놓고 보면, 대부분의 이익은 사실 특정 사업에서 얻어지고 있는 경우가 많습니다. 그때는 모든 제품과 사업을 분석하는 것이 아니라 결정적으로 이익에 공헌하고 있는 사업을 분석 대상으로 해야 합니다.

우리는 곧잘 어쩌다 얻게 된 정보를 믿고 수익에 눈이 멀어 투자를 했다가 실패하곤 합니다. 예컨대 '아무개 회사가 획기적인 신제품을 개발했다'는 식의 정보입니다. 그러한 이야기를 들었을 때에 우리가 해야 할 일은, 그것이 '정말로 좋은 제품인가'를 아는 것이 아니라, 우선은 '그 제품으로 인해 증대되는 이익이 전체에서 점하는 비율은 어느 정도인가'를 아는 일입니다. 그 신제품이 가져오는 이익이 전체 이익의 5% 정도에 불과하다면, 단기적으로 주가를 밀어 올릴 수는 있어도 기업의 가치에는 거의 영향을 주지 않습니다.

❘ 넘버원 호스트는 왜 넘버원인가?

물음 2 '왜' 벌 수 있었는가?

어떤 사업이나 제품으로 이익을 올리고 있는지를 알았다면, 다음 질문 '왜 벌 수 있었는가?'로 옮겨갑니다. 이에 대한 대답을 얻는 것은 사실 쉽지 않습니다.

다만 한 가지 힌트가 있습니다. 그것은 기업 가치의 원천은 보통 딱 한 가지밖에 없다는 것입니다. 저는 국내외 기업 M&A 업무에 종사하면서 지금까지 다양한 업종·업계·국적의 기업을 보아왔습니다만, 파고들어보면 어느 기업이나 결국 가치의 진짜 원천은 하나 혹은 둘밖에 없었습니다. 이것은 엄연한 사실입니다. 만일 기업의 과제나 강점이 열 가지, 스무 가지가 나온다고 한다면 그것은 아직도 본질적인 과제와 강점의 원천을 간파하고 있지 못하고 있다는 말이 될 것입니다.

사물의 본질은 항상 하나라는 것을 알아두면 훨씬 편해집니다. 본질만 간파하면 그 외의 쓸모없는 부분에까지 눈을 돌리지 않아도 되기 때문입니다. 많은 것을 아는 것보다 결정적으로 중요한 포인트(이것을 '핫 버튼'이라고 합니다)를 발견하여 그것에만 집중하는 것이 성과를 올리기에 월등히 수월한 것입니다.

저는 이 이야기를 할 때, 신주쿠 가부키초에서 최고로 인기 있는 호스트의 말을 곧잘 예로 듭니다. 그 호스트가 어느 방송 인터뷰에서 '여자를 사로잡는 성공의 열쇠를 딱 한 가지만 든다면 무엇일까요?'라는 질문을 받았을 때입니다. 그는 잠시 생각하고 나서, '그 여자가 진짜로 가려운 부분에만 손을 뻗어주는 것'이라고 대답했습니다. 뭐든지 다 주는 것이 아니라 그 여자에게 있어 정말로 소중한 것만을 주는 것이 성공의 최대 비결이라는 것입니다. '다른 호스트가 그녀의 생일을 축하하고, 남편에 대한 불만을 들어주며 열심히 상담에 응해주는 등의 눈물겨운 노력을 하고 있을 때, 나는 그녀가 가장 소중히 여기는 것은 무엇인가만을 생각하고 있다. 그래서 나는 넘버원이다' 라고 그는 대답했습니다. 상대의 본질을 일단 이해하면, 어떤 경우에도 대응할 수 있다는 것입니다.

기업의 분석을 할 때, '그 회사의 강점을 한마디로 말하면……' 이라고 중얼거려보시기 바랍니다. 이것을 한마디로 말할 수 있게 된다면 굉장할 것입니다.

한편, 이익을 올리는 기업들도 ① 시장의 매력도 ② 비즈니스 모델의 유망도 중 어느 한 유형이 성공 요인인 경우가 많습니다. 앞으로 두 절에서 각각에 대하여 살펴보면서, 이익의 원천을 간파하기 위한 요령을 소개하겠습니다.

시장의 매력도란 무엇인가?

이익을 올리는 기업의 제1의 성공 유형은 매력적인 시장에서 사업을 하는 것입니다.

시장의 매력은 두 가지 요소로 성립됩니다. 하나는 수요의 성장, 또 하나는 치열하지 않은 경쟁입니다. 열매가 많이 열리고 나눠 가지는 사람이 적으면 돌아가는 몫도 커지게 마련이지요.

⋮ 수요가 늘면 이익도 늘어난다

시장의 매력을 결정하는 요인의 하나는 수요의 크기와 성장입니다. 최근 성장이 두드러졌던 시장으로는 주식정보유통산업(에이전트), 의료, 운수, 아시아 시장개척, 지방행정개혁과 관련된 상품 서비스 시장 등을 들 수 있습니다. 시장 크기의 증가가 그

업계에 있는 기업의 성장을 견인한다는 것은 이해하기 쉬운 논리이고, 투자를 할 때도 어느 정도 확신을 갖고 이익의 성장을 예상할 수 있을 것입니다. 시장이 성장하고 있는지 여부는 'ㅇㅇ업계' '시장 규모' 등의 키워드를 인터넷의 검색엔진에 입력하면 대체로 알 수 있습니다.

일본 시장을 예로 들면, 이제부터 아마도 '격차'가 수요를 낳는 하나의 키워드가 될 것입니다. 예컨대 소득 격차를 테마로 하면, 이 사회에 있어 고액 소득자가 되기 위한 필요조건은 지식(정보)과 지혜를 갖는 것입니다. 지식과 지혜가 돈을 낳는다면, 단순히 생각해서 정보를 매매 유통하는 기업, 예컨대 경매 사이트나 정보 조사 기관, 그리고 신용 평가 기관 등은 장기적으로 성장할 것입니다. 또한, 정말로 도움이 되는 지혜와 정보를 음미할 능력을 갖추기 위한 교육(초등교육에서 비즈니스교육까지)을 제공하는 기업도 이익을 늘려갈 것입니다.

또한 격차가 낳는 '왜곡'이라는 테마로부터, 소득 격차의 확대는 범죄의 유발로 인한 보안 기업의 성장을 초래하고, 부유층을 대상으로 한 주택·의료 관련 기업도 이익을 올릴 것으로 여겨집니다. 이렇게 하나의 테마로부터 어떠한 분야의 시장이 성장할 것인지를 예측할 수 있습니다.

또는 다른 각도에서, 국가의 산업구조의 변화라는 측면에서 생각하는 것도 투자에 있어서는 효과적입니다. 경제의 발전이라는 면에서 일본은 항상 미국의 뒤를 쫓고 있기 때문에, 지금 미국 사회에서는 성숙되어 있으나 일본에는 아직 없는 산업을 '수입' 함으로써 어느 정도의 성공을 거두는 일도 가능합니다. 예컨대 스포츠 마케팅이나 콘텐츠 지적재산권 비즈니스에서는 미국이 상당히 앞서가고 있습니다. 마찬가지로 생각하면, 이번에는 중국을 비롯한 아시아 각국에 1980년대에 일본 사회에서 융성했던 산업을 '수출' 하는 모델도 효과적일 것이라 생각합니다. 예컨대 패밀리 레스토랑 등의 외식산업, 스키장 등의 레저산업은 어떨까요?

어쨌든 주식 투자를 위해 산업구조의 변화를 파악할 때에는 장기적인 관점을 가질 필요가 있습니다.

⁘ 민영방송국이 표적이 되는 이유

시장의 매력도를 결정하는 또 하나의 요인은 경쟁 환경입니다. 규제나 특허로 보호 받고 있는 업종이나 설비투자가 필요하여 진입장벽이 높은 업종은 일단 시스템을 구축해놓으면 사업을 유리하게 영위할 수가 있습니다.

저명한 투자자 워런 버핏은 '톨브릿지(tall bridge, 통행료를 받는 다리)형 기업에 투자하라' 고 합니다. 가만히 있어도 돈이 굴러 들어오는 규제산업은 앉아서 돈을 법니다. 일본의 경우, 민방

면허로 보호받고 전파대역을 할당받고 있는 소수의 민영방송국들은 비교적 유리하게 사업을 전개할 수 있습니다.

민영방송국의 실적이 안정되고 사원의 평균 연봉도 높은 이유는, 이런 규제로 인한 부분이 크다고 할 수 있습니다. 거듭 M&A의 타깃이 되고 있는 이유도 납득할 수 있습니다.

또한, 이 민영방송국들과 굳게 결탁되어 있는 대규모 광고대행사도 강력합니다. 광고업계 이익의 70% 이상은 대규모 광고대행사 두 곳이 가져가고 있다고 합니다. 현재의 규제 환경에서는 수천 개의 제작사는 아무리 노력해도 많은 이익을 낼 수가 없습니다. 그것은 콘텐츠를 만드는 쪽보다도 콘텐츠를 내보내는 플랫폼 쪽이 규제를 통해 보호 받아 우위에 서 있기 때문입니다.

다만, 규제의 틀이 풀리거나 전파대역을 보유하고 있다는 의미가 퇴색된다면 상황은 변하게 됩니다. 인터넷으로 모든 사람이 텔레비전과 같은 수준의 화질과 정보를 발신할 수 있는 시대가 되면 입장은 완전히 바뀌게 될 것입니다. '방송할 수 있는 자격' 자체에 의미가 없어지기 때문에, 이번에는 '방송할 만 한 우수한 콘텐츠'를 갖고 있는 제작사 쪽이 우위에 서게 될 것입니다. 말로 설명하면 단순해 보이지만 이렇게 규제 환경은 기업의 이익에 커다란 영향을 주고 있는 것입니다.

방송업계 외에 규제로 보호 받고 있는 대표적인 업계라고 한다면, 산업폐기물 처리, 그리고 의료 · 병원 관련 산업 등이 있을 것입니다. 모두 경쟁이 치열하지 않기 때문에 업계에 속한 회사들의 이익은 커지게 됩니다.

⁝ 인프라업계는 왜 배당이 높을까?

한편, 거액의 설비투자가 필요한 업종도 일단 진입하면 이익을 독점하기 쉬운 성질을 갖고 있습니다. 이런 업종으로의 신규 진입을 생각할 사람은 그다지 많지 않기 때문에 어느 정도 여유롭게 사업을 전개할 수 있습니다.

거액의 설비투자가 필요한 것은 인프라 관련 업종입니다. 인프라라는 것은 한번 만들어놓으면 상당히 안정된 이익을 얻을 수 있는 반면, 달리 할 일이 없어지기 때문에 배당이 높은 경향이 있습니다.

다만, 이제까지 여유로웠던 인프라 업계에도 도전장을 던지는 사람이 간혹 나오기도 합니다. 과거에는 소프트뱅크가 일본텔레콤을 약 3,400억엔에 인수하였고, 최근에도 미국의 스프린트를 인수하였습니다. 이 이후에도 그러한 예는 늘어나고 있습니다. 자본시장이 탄탄해진 지금, 투자자를 향해 '꿈을 이야기할 능력'만 있다면, 거액의 설비투자에 필요한 돈을 조달할 수 있는 세상이 되었습니다. 물론 꿈을 현실로 만들지 못하면 투자자는 투자한 돈을 회수할 수 없기 때문에, 이것은 큰 도박이라 할 수 있습니다.

지금까지 경쟁 환경에 대해 살펴보았지만, 수요가 있는 곳에 경쟁은 늘 따라다니게 마련입니다. 모두가 이제부터 수요가 늘어날 새로운 업종을 노리고 있습니다. 그러므로 처음에는 수요의 신장이 이익을 견인하더라도 시간이 흐름에 따라 시장 진입자가 늘어나 결국 평범한 수준의 이익밖에 얻지 못하게 되고 맙니다. 따라서 성장 기업을 확인할 때에는, 지금의 성장률이 아니라 그 성장이 미래에도 어느 정도의 기간 동안 지속될 것인가를 확인하는 것이 중요합니다.

강한 비즈니스
모델이란 무엇인가?

앞 절에서 서술한 시장의 성장 이외에 구조상의 우위로 인해 높은 성장을 지속하는 기업도 있습니다. 수요의 성장이 "파이 전체"의 증가에 해당한다면, 이 구조상의 우위는 "파이를 자르는 법", 즉 자기 회사에 유리하게 칼을 댈 수 있는가, 하는 것이 됩니다. 이른바 '돈을 버는 구조'를 간파하는 것이 가능하다면, 아무도 눈치 채지 못한 성장주에 투자하여 진짜 성공을 맛볼 수 있습니다.

성장을 가져오는 구조(비즈니스 모델)는 '높은 이익률을 확보할 수 있는 모델'과 그것을 '어디까지 확대할 수 있는가' 하는 가능성, 이 두 가지 요인의 교차에 있다고 생각합니다.

이 절에서는 우선 '높은 이익률'에 대해 생각할 것입니다. 높은 이익률의 원천은 다음 네 가지 유형으로 크게 나눌 수 있습니다.

① 많은 일을 잘하는 기업(높은 업무 효율)

② 남에게 맡기는 기업(프랜차이즈, 네트워크)

③ 아무도 할 수 없는 것을 하는 기업(지적 재산)

④ 신뢰가 두터운 기업(브랜드 로열티)

⦂ 많은 일을 잘하는 기업이란?

많은 일을 잘하는 회사란 쉽게 설명해서 누구보다도 효율적으로 사업을 수행하는 회사를 말합니다. 사업 전략의 수립부터 자금 조달, 연구 개발, 제조, 판매까지 사업의 모든 흐름을 잘 이어가고 있는 회사입니다. '물동이 나르기 릴레이를 잘하는 회사' 정도로 생각하면 이해하기 좋을지 모릅니다. 효율적인 업무의 흐름을 만들고 있는 SPA(speciality retailer of private label apparel, 기획, 디자인에서 생산, 소매에 이르기까지의 일련의 과정을 일관된 시스템 하에서 직접 수행하는 의류 기업-역자) 등이 여기에 해당합니다.

예컨대 '유니클로'를 운영하는 패스트리테일링은 '일본에서 제품을 기획 개발하고, 그 콘셉트를 기초로 섬유 소재를 구매하여 아시아에서 생산한 후, 신속하게 일본으로 가져와 각 점포에 감각적으로 진열하여 소비자에게 판매한다'는 일련의 흐름이 매우 원활하게 이어지기 때문에 비용은 줄이고 이익은 많이 남길 수 있는 것입니다. 패스트 리테일링의 영업이익률은 13%로 섬유업계의 표준을 크게 넘어서고 있습니다(의류업 5~8%, 섬유업 2~3%, 도매상·상사 1~3%정도).

⠿ 남에게 맡기는 기업이란?

많은 일을 자기 이외의 사람을 써서 잘하는 회사도 구조상 우위를 갖고 있습니다. 본부가 작은 프랜차이즈 사업이나 네트워크 사업이 여기에 해당합니다.

프랜차이즈나 네트워크처럼 남에게 맡김으로써 높은 이익을 달성하는 모델을 '레버리지 모델'이라고 합니다. 레버리지란 '지렛대의 작용'이라는 의미로, 작은 힘으로 커다란 성과를 올릴 수 있는 모델을 가리킵니다.

레버리지는 크게 나눠 두 종류가 있습니다.

하나는 재무 레버리지입니다. 이것은 공장 지을때 등에서 자기자본만이 아니라 은행에서 차입을 함으로써 보다 큰돈을 움직일 수 있다는 것입니다. 부동산을 구입할 때는 대출을 받는 것이 일반적입니다. 레버리지를 이용함으로써 우리는 자기자본(예금)이 500만엔이라도 3,000만엔짜리 부동산을 손에 넣을 수 있습니다. 기업의 매수에 있어서도 서양에서는 거액의 차입을 통해 거대 기업을 집어삼키는 수법이 일반적입니다. 일본에서도 일찍이 레버리지 바이 아웃(LBO) 등의 매수 기법이 유행했습니다. 이 재무레버리지는 남의 돈을 지렛대로 삼기 때문에 OPM(Other People's Money)이라고 불립니다.

또 하나의 레버리지가 OPT(Other People's Time), 즉 남의 힘을 빌림으로써 작은 힘으로 커다란 성과를 올리는 모델입니다. 세븐일레븐 등의 프랜차이즈 사업이나 네트워크 사업이 이 OPT 모델에 해당합니다.

양쪽 다 레버리지를 이용하기 위해서는 수요와 장래의 이익이 안정되지 않으면 안 됩니다. 왜냐하면 수요가 침체되어 이익이 줄어들면 이번에는 이 지렛대가 역으로 작용하여 단숨에 사업이 붕괴되기 때문입니다.

⁝ 아무도 할 수 없는 일을 하는 기업이란?

아무도 갖고 있지 않은 비밀스런 지혜로 인해 가치를 낳고 있는 기업도 있습니다. 이들 기업은 지적 재산을 원천으로 높은 이익률을 올리고 있습니다. 제약회사나 소프트웨어 회사가 여기에 해당합니다.

또한 코카콜라처럼 다른 누구도 만들 수 없는 재료를 기반으로 사업을 확대하는 모델도 있습니다. 실제로 코카콜라 원액의 제조법은 최고 기밀사항으로, 그 제조법을 아는 사람은 세상에 단 두 명밖에 없다고 합니다. 코카콜라는 제조법을 지키기 위해 믿을 수 없을 만큼 신경을 곤두세우고 있어서, 이 두 사람 중 한 사람이 죽었을 때는 남겨진 자가 후임을 선출하여 구두로 제조법을 전수함으로써 비밀을 지켜오고 있다고 합니다. 또한 이러한 이유로 인해 제조법을 아는 두 사람이 같은 비행기에 타는 일조차 금지되고 있다고 합니다.

∷ 신뢰가 두터운 기업이란?

고객으로부터 두터운 신뢰를 얻고 있는 기업도 높은 이익률을 자랑합니다. 이들 기업 중에는 보이는 물건을 팔면서 사실은 기분 좋은 마음(heart)을 팔고 있는 회사가 있습니다. 예컨대 많은 여성들로부터 사랑 받는 명품이나 화장품 등이 여기에 해당합니다. 단순한 가죽제품에 수천만원의 가격을 붙일 수 있는 '브랜드 파워'가 이들 기업 가치의 원천입니다.

저는 어느 화장품 회사의 공장에 가본 적이 있습니다. 커다란 냄비 안에 용액을 휘휘 젓고 있을 뿐이었습니다. 화장품의 원가율은 개발비를 포함해도 10% 이하이지만, 피부가 좋은 여배우를

활용한 효과적인 프로모션 전략을 통해 여성들의 마음을 사로잡습니다. 미국 스타벅스의 전 COO(최고업무책임자, chief operating officer)를 만났을 때, 그도 비슷한 말을 했습니다. "우리는 커피가 아니라 분위기(atmosphere)를 팔고 있을 뿐입니다."

양에서 질, 물질에서 정신으로 우리들의 가치관이 옮겨가고 있는 현재, 고객의 마음을 사로잡는 상품이나 서비스를 판매하는 회사는 많은 이익을 거둘 수 있습니다. 그리고 이들 기업의 진짜 강점은 결코 재무제표에는 나타나지 않습니다. 대차대조표에 나오는 자산은 눈에 보이는 것들뿐, 이러한 소프트한 부분은 포함하고 있지 않은 것입니다. 그러므로 진짜 사업 가치의 원천을 간파하기 위해서는 그 제품의 매력이 대체 어디에서 생겨나는가를 색안경을 벗고 바라볼 필요가 있습니다.

강한 모델을 확장할 수 있는가?

_04

: 돈이 벌리는 모델을 전 세계로 넓혀가는 기업

같은 업종의 다른 회사와 비교하여 높은 이익률을 보이는 기업을 발견했다면, 투자의 기회가 찾아온 것일지 모릅니다. 그 회사가 앞 절에서 서술한 유형 중 어떤 유형으로 이익률을 높이고 있는가를 확인하고, 그것이 이해되었다면 다음 단계로 들어갑니다. 즉, '그 높은 이익률을 유지하면서 어디까지 확장하여 매출을 증대시킬 수 있을 것인가?'를 고려하는 것입니다. 사업 가치의 원천인 이익은 '매출×이익률'이므로, 매출의 확대 가능성은 사업 가치에 매우 중요한 요소입니다.

기업이 사업을 확장할 수 있는 방향은 크게 보아 다음 두 가지로 나뉩니다.

① 같은 고객에게 다른 상품을 판매한다.

② 다른 고객에게 같은 상품을 판매한다.

: 같은 고객에게 다른 상품을 판매한다

같은 고객에게 다른 상품을 판매함으로써 확장을 도모하는 기업으로는, 주력 제품인 문구 이외의 상품까지 확장하여 기업에 팔고 있는 아스쿨, 아이템·콘텐츠를 확충하고 있는 라쿠텐(樂天)이나 카카쿠코무(가격닷컴) 등을 들 수 있습니다.

이 모델이 잘 작동되려면 현재의 고객 충성도의 크기가 관건이 됩니다.

: 다른 고객에게 같은 상품을 판매한다

다른 고객에게 같은 상품을 판매함으로써 모델을 확장하고 있는 기업도 있습니다. 프록터 앤드 갬블(P&G)이 세계 각국에서 동일한 화장실용 상품을 팔고, 월마트 같은 대형 할인매장이 지점을 확대하는 것 등이 여기에 해당합니다. 이 경우는 '취급하는 상품이 많은 사람들에게 필수품이 되는 것'이 포인트가 됩니다.

워런 버핏은 일상성이 높은 상품(면도기나 콜라, 신용카드 등)을 가장 효율적으로 확장(전 세계로 판로를 확대)할 수 있는 회사에 투자를 했습니다. 그의 투자 대상 목록에는 '누구보다도 효율적'으로 '다른 고객에게 같은 상품을 판매할 수 있는' 기업이 많습니다.

지금까지 살펴본 '비즈니스 모델의 유망도를 판단하기 위한 포인트'는 다음 두 가지입니다.

- 지금의 성장률이 아니라 '성장이 얼마나 길게 지속될 것인가'를 본다.
- 높은 이익률을 유지한 채 '어디까지 확장을 도모할 수 있는가'를 본다.

그리고 지금까지 보아온 '가치의 원천을 간파하는 방법'을 요약하면 〔그림 4-3〕과 같습니다.

〔그림 4-3〕 가치의 원천을 간파하는 방법

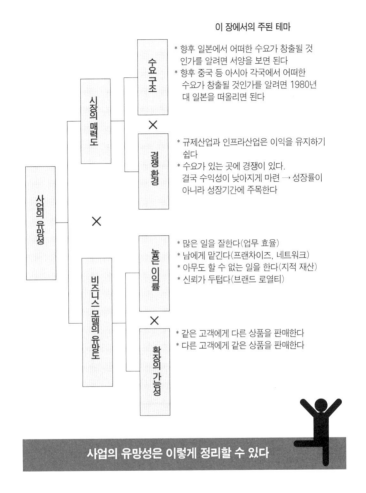

이 장에서의 주된 테마

사업의 유망성

시장의 매력도

수요 구조
* 향후 일본에서 어떠한 수요가 창출될 것인가를 알려면 서양을 보면 된다
* 향후 중국 등 아시아 각국에서 어떠한 수요가 창출될 것인가를 알려면 1980년대 일본을 떠올리면 된다

×

경쟁 환경
* 규제산업과 인프라산업은 이익을 유지하기 쉽다
* 수요가 있는 곳에 경쟁이 있다. 결국 수익성이 낮아지게 마련 → 성장률이 아니라 성장기간에 주목한다

×

비즈니스 모델의 유망도

높은 이익률
* 많은 일을 잘한다(업무 효율)
* 남에게 맡긴다(프랜차이즈, 네트워크)
* 아무도 할 수 없는 일을 한다(지적 재산)
* 신뢰가 두텁다(브랜드 로열티)

×

확장의 가능성
* 같은 고객에게 다른 상품을 판매한다
* 다른 고객에게 같은 상품을 판매한다

사업의 유망성은 이렇게 정리할 수 있다

주목해야 할 것은
소형 · 저평가 · 성장주

지금까지 가치의 원천을 파악하는 방법을 대략적으로 설명해 왔습니다만, 궁극적으로 '일본 기업 가운데 최적의 투자 대상은 어디인가?' 라는 질문에 대하여 저는 지극히 단순한 대답을 갖고 있습니다.

그것은 한마디로 '소형 저평가 성장주' 라는 것입니다(그림 4-4). 왜 '소형' '저평가' '성장' 주일까요? 이 세 가지는 각각 의미가 있습니다.

⁝ 소형 기업은 단순 · 저평가 · 고효율

'소형' 이란 간단히 말하면 총자산과 매출이 300억엔 이하인 중

〔그림 4-4〕 소형 저평가 성장주

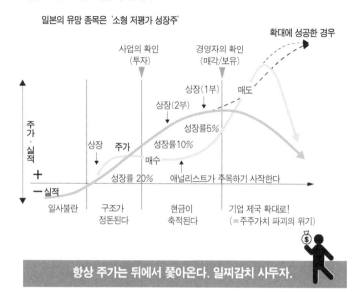

일본의 유망 종목은 '소형 저평가 성장주'

항상 주가는 뒤에서 쫓아온다. 일찌감치 사두자.

견기업을 말합니다. 소형이라는 것의 이로운 점은 첫째, 알기 쉽다는 것입니다. 사업 내용이 명쾌하고, 재무제표가 단순하고, 나아가 연결재무제표를 검토할 필요가 없는 독립된 기업이라면, 사업의 장래성이나 내재하는 위험에 대해서도 어느 정도 상상을 할 수 있기 때문에 투자를 하면서도 신경 쓸 부분이 많지 않습니다. 또한 비교적 규모가 작기 때문에 친근감을 가질 수 있으므로 거리낌 없이 회사의 홍보부에 전화를 해서 사업의 상황을 물어볼 수도 있습니다.

둘째, 소형주는 비교적 저평가로 방치되어 있는 경우가 많다는 이점이 있습니다. 소형주가 저평가로 방치되어 있는 이유로는, 일반 투자자에게 잘 알려져 있지 않기 때문에 인기가 없다는 점과 펀드 등 기관투자자가 일정한 시가총액 이하의 회사를 포트폴리오에 편입하지 않는다는 방침을 갖고 있기 때문에 값이 싸도 좀처럼 매수세가 없다는 점을 들 수 있습니다.

또 유동성이 낮은(주식거래가 적은) 것도 저평가 상태로 방치되는 이유가 됩니다.

셋째, 소형주는 경영 효율이라는 관점에서도 유리합니다. 일본 기업의 경우, 규모가 확대되고 경영에 여유가 생기면 부동산 투자나 무의미한 낭비, '기업 제국'의 확대를 향한 비효율적인 다각화 등에 잉여자금을 써버려 결과적으로 ROE를 저하시키는 경향이 있습니다. 따라서 긴축 경영을 계속하지 않을 수 없는 소형 기업이 오히려 효율성은 결과적으로 높아집니다. 소형이기 때문에 좁은 국내 시장에서도 사업 자체의 성장 여지가 남아 있다는 것도 커다란 이점이 됩니다.

: 성장 기업은 평가받기 쉽다

'저평가'되어 있다는 점에 관해서는 어떨까요? 원래 투자란 그 가치보다 낮은 가격에 매수하여 제 가치를 찾아감으로써 수익을 거두는 것이므로, 저평가되어 있지 않다면 애초에 투자라고 볼수 없습니다. 제조업이 재료의 매입가보다도 제품을 싸게 팔아 이익이 내지 못하는 것과 마찬가지입니다.

'성장주'라는 것도 포인트입니다. 실제로 저평가되어 있다면 소위 '자산주'이건 '성장주'이건 상관없지만, 저는 개인적으로 자산주보다는 성장주를 선호합니다. 성장주는 실적의 성장과 함께 자연스러운 주가 상승이 기대되지만, 자산주의 주가가 상승하기 위해서는 인기에 불이 붙기 위한 '재료'가 필요하기 때문입니다(그림 4-5). '발화'의 타이밍에 따라 수익률이 변하는 자산주보다는 합리적으로 자연스럽게 주가 상승을 기대할 수 있다는 점이 제가 성장주를 선호하는 이유입니다.

이렇게 생각하면 주식의 매수 시점을 알 수 있습니다. 상장 후 어느 정도(2~10년) 지나 시장의 관심에서 멀어져 주가는 침체되어 있지만, 회사 자체는 열심히 사업을 성장시키고 있을 때가 바로 매수 시점입니다.

그리고 점차 애널리스트들의 주목을 받아 주가가 올라가기 시작할 때 경영자의 자질을 확인합니다. 만일 경영자가 '기업 제국'을 건설하는 데 핏대를 올리며 주주가치를 희생하고 있다면 그 회사의 주식은 매각하여 투자이익을 확정하는 것이 좋습니다.

〔그림 4-5〕 자산주와 성장주

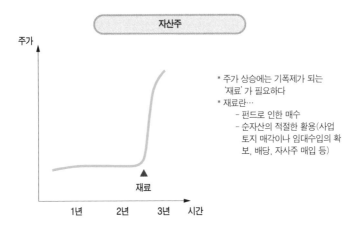

자산주

주가

* 주가 상승에는 기폭제가 되는
  '재료'가 필요하다
* 재료란…
  - 펀드로 인한 매수
  - 순자산의 적절한 활용(사업
    토지 매각이나 임대수입의 확
    보, 배당, 자사주 매입 등)

▲
재료

1년   2년   3년   시간

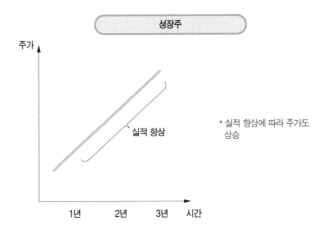

성장주

주가

실적 향상

* 실적 향상에 따라 주가도
  상승

1년   2년   3년   시간

∶ '좋은 투자 대상 = 좋은 회사'는 아니다

이 장에서는 기업 가치의 원천을 찾는 방법과 좋은 회사의 모델, 그리고 유망한 투자 대상이 많은 '소형 저평가 성장주'에 관하여 서술하였습니다. 좋은 기업을 확인하는 것은 장기적으로 투자에서 성공하기 위해 중요한 일입니다.

다만 오해하지 말아야 할 것은, '좋은 회사'가 반드시 '좋은 투자 대상'은 아니라는 점입니다. 좋은 투자 대상이란 '그 가치에 비해 저평가되어 있는 기업'입니다. 이 점에 관하여 생각해보겠습니다.

우선, 원래 주가란 모든 사람의 평가입니다. 그 평가가 '올라가기' 때문에 주가도 올라가 돈을 번다는 것이 주식 투자의 논리입니다.

그런데 좋은 회사는 애초에 모두의 평가가 높은 경우가 많기 때문에 이미 그에 상응하는 주가가 형성되어 있습니다. 따라서 언론에 의해 다뤄지는 일이 많은 것에 비하여 주가는 10년 전과 비교할 때 그다지 오르지 않은 회사도 많이 있습니다.

반대로 좋지 못한 회사라도, 그 본질과 비교하여 부당하게 낮은 주가가 형성되어 있다면 이제부터 상승할 가능성이 있습니다. '우량'한 기업이 '초우량'한 기업이 되는 시나리오를 기대하는 것이 아니라 '최악'의 기업이 '다소 나아진다'는 식의 시나리오

쪽이 결과적으로 잘 들어맞을 경우가 많습니다. 예컨대 시험에서 95점을 맞은 학생이 다음 시험에서 100점을 맞는 것은 어렵지만, 20점밖에 받지 못한 학생이 다음에 분발하여 50점을 받으면 그것만으로도 무려 2.5배가 됩니다. 이런 논리가 주식에도 똑같이 적용됩니다.

가치의 원천을 파악하여 부당하게 낮은 가격(주가)에 팔리고 있을 때에 사는 것이 주식 투자의 진수입니다.

① '과거의 결과'로부터 '미래의 결과'가 생겨나지 않는다.

② 이익의 원천을 간파하려면 다음 네 가지 질문을 고려하는 것이 좋다.

　 그 기업은 '무엇에서' 돈을 벌고 있는가?

　 '왜' 돈을 벌 수 있었는가?

　 앞으로 돈을 버는 구조에 변화가 있는가?

　 이제부터 '얼마나' 벌 수 있는가?

③ 이익을 올리고 있는 기업의 성공 유형은 주로 두 가지로 나뉜다.

　 시장의 매력도

　 비즈니스 모델의 유망도

④ 일본에서의 유망한 투자 대상은 '소형 저평가 성장주'

⑤ '좋은 회사'가 반드시 '좋은 투자 대상'이라고는 할 수 없다

⁝ 버핏으로부터의 졸업

빌 게이츠에 이어서 미국 제2위의 대부호인 워런 버핏은 훌륭한 투자자이며 그의 투자법에는 배울 점이 수없이 많지만, 우리와 같은 개인 투자자는 그 투자법 전체를 받아들일 필요는 없다고 생각합니다.

그 이유는, 버핏에게는 없지만 우리 개인 투자자에게는 있는 무기의 하나인 '회전율'에 있습니다.

어느 시대에나 투자자의 (연간) 이익은,

① 거래당 이익률(%)

② 거래 횟수(회전율)

라는 두 가지 항목의 곱으로 구성되어 있습니다. 이것은 단순하게 말해서 '1년 동안에 높은 이익(이익률)을 몇 차례나 얻느냐

(회전율)' 하는 것입니다.

이익률이 높다(①)는 것은 1회의 거래마다 주가의 상승폭이 크다는 것을 의미합니다. 이익률을 올리기 위해서는 되도록 싸게 주식을 구입하는 것과 되도록 비싸게 주식을 파는 것, 이 두 가지가 포인트가 됩니다. 요컨대 '싸게 사서 비싸게 판다' 는 것입니다.

그래서 우선 문제가 되는 것이 주식을 싸게 구입하는 것인데, 그러려면 애초에 싼지 아닌지 여부를 알아야 할 필요가 있습니다. 그렇기 때문에 우리는 기업의 가치를 평가하는 방법(valuation)을 공부하는 것입니다.

일반적으로 가치 투자자란, 되도록 싸게 주식을 구입하는 것을 중심으로 생각하는 투자자를 가리키는 것 같습니다. 워런 버핏은 대표적인 가치 투자자라고 할 수 있습니다.

한편, 되도록 비싸게 주식을 파는 것에 주목하는 사람들(프로모터)도 있습니다. 이른바 주식 수급에 있어 '수요'와 '공급'의 왜곡을 만들어내는 '작전 세력' 들이 그들입니다. 또는 매혹적인 테마로 대중적 인기몰이를 한 뒤 자사의 주식을 비싸게 파는 경영자나 그 배후세력들도 여기에 해당합니다. 사람은 항상 감정에 근거하여 행동하기 때문에 가슴을 두근거리게 만드는 즐거운 테마가 있다면 그 가치를 초월하는 가격이 붙는 것은 당연한 현상입니다.

가치를 초월한 가격이 붙는 것에 대하여 가치 투자자는 불쾌하게 생각할지도 모르지만, 가치투자자가 싸게 매수하는 데 뛰어난 것과 마찬가지로 프로모터는 비싸게 파는 데 뛰어납니다.

그런데 잊기 쉬운 것은, 우리는 연간 '거래횟수(회전율)' (②)에 관해서도 똑같이 중요하게 생각해야 한다는 점입니다. 데이트레이더라 불리는 사람들은 이 회전율에 주목하는 사람들입니다. '불과 1%의 이익률이라도 그것이 72번 회전하면, 100만엔이 200만엔이 된다'는 것이 기본적인 관점입니다. 제1장에서 서술한 수수료와 세금을 고려하지 않으면 이것도 좋은 방법이 될 수 있지 않을까요?

어쨌든 '가치 투자자' '프로모터' '데이트레이더'는 모두 관점이 다르기 때문에 요구되는 기술도 전혀 다릅니다. 다만 '비싸게 파는 일'이나 '자주 거래하는 일'은 위험도가 더 크다는 사실도 잊지 말아야 할 것입니다.

워런 버핏은 일반적으로 가치 투자자로 통하고 있지만, 버핏형 투자의 기본은 놀랄 만한 장기 보유에 있습니다. '주식은 팔지 않는 것'이라는 것이 그의 관점입니다. 이것은 결국 회전율이 낮다는 말입니다. 그 대신 버핏은 이익률을 중요하게 생각합니다. 결국 투자자의 이익률은 투자 대상 기업의 이익률(소위 ROE)이므로 버핏은 ROE가 높은 회사에 집착하는 것입니다.

버핏이 회전율에 눈을 돌리지 않는 이유는 단순합니다. 그것은 그의 회사(버크셔 해서웨이)의 자산 규모가 너무도 크기 때문입니다. 너무도 거액의 자산이기에, 사고팔고를 반복하며 회전시키는 것이 불가능한 것입니다. 그렇기 때문에 이익률이 높은 회사를 통째로 매수하는 것입니다.

그다지 알려지지 않은 사실이지만, 과거 자산 규모가 작았던 시절에는 버핏 역시 매매를 반복했었습니다. 지금의 버핏에게는 이제 그러한 투자는 불가능합니다. 따라서 매우 신뢰할 수 있는 경영자가 사업을 진행하는, 매우 이익률이 높은 회사에만 집중 투자를 하는 것입니다.

그러나 개인투자자인 우리의 자산은 그다지 크지 않아 회전율도 중요한 요소가 됩니다. 단기에 주가가 높이 오르는 '시나리오'도 고려해 주세요. 연간 수익률은 반드시 오를 것입니다.

제5장

왜 주가는
올라가는가?

THE SMART
INVESTOR

주식 투자란 가치와
가격의 차이를 꿰뚫어보는 게임

: 왜 가치와 가격의 차이가 생기는가?

지금까지 이 책에서는 기업의 가치와 그 원천인 사업의 분석 방법에 관해 설명해왔습니다. 그것은 주식 투자로 수익을 올리기 위해서는 '적정한 가치보다 싸게 사는 것'이 가장 중요하기 때문입니다.

'가치보다 싸게 산다'는 관점에서 생각할 때, 결국 주식 투자란 가치와 가격의 차이를 남들보다 빨리 간파하는 게임이라고 할 수 있습니다. 이것을 머니 게임이라고 하는 사람도 있을 것입니다.

그러나 잘 생각해보면, 장사라는 것은 모두 '싸게 구입한 물건에 어떠한 방식으로든 가공을 행하여 비싸게 팔아 마진을 챙김으로써' 성립합니다. 도매업이건 소매업이건 장사의 진수는 구입한 가격(가치)과 판매 가격의 '차이'를 끌어내는 데 있습니다. 그런 의미에서 '주식 투자 따위는 당치도 않다'고 하는 것은 비즈니스 자체를 부정하는 일이 될지도 모릅니다.

이렇게 가치와 가격의 차이가 이익의 원천이라는 것을 알았다면, 이제 궁금해지는 것은 '왜 주식시장에서 가치와 가격의 차이가 발생하는가?'라는 점과, '어떻게 하면 가치와 가격의 차이가 해소되는가?' 그리고 '어떻게 해서 가치와 가격의 차이를 이용하여 투자로 이익을 올릴까?' 하는 점일 것입니다.

여기에 대해 순서대로 생각해보기로 하겠습니다.

⦙ 정보 격차와 감정 편향이 '차이'를 만든다

우선, 왜 가치와 가격의 차이가 생기는 것일까요? 만일 시장이 정말 효율적으로 움직이고 있다면 항상 가치 있는 것에 타당한 가격이 형성되어 있어서 마진을 챙길 여지조차도 없게 됩니다. 그러나 실제로는 그렇지 않습니다. 가치와 가격의 차이가 생기는 이유는 주로 다음 두 가지입니다.

① 알고 있는 사람과 모르고 있는 사람의 차이가 있다. (이른바 '정보 격차'의 존재)

② 주식시장이 합리성이 아니라 감정으로 움직이고 있다. (이른바 '감정 편향'의 존재)

많은 사람이 기업의 진정한 가치를 꿰뚫어보지 못한 경우, 그 주식은 저평가되어 방치됩니다. 이것을 '정보 격차'라고 합니다. 일부의 사람들만이 그 기업의 진정한 가치를 빨리 꿰뚫어봄으로써 정보 격차가 해소된 시점에서 이익을 얻을 수 있습니다.

특히 평범한 종목은 주목하고 있는 사람이 그다지 많지 않기 때문에, 그 진짜 가치를 간파하고 투자하면 성공하는 경우가 많습니다. 앞 장에서 다룬 소형 저평가 성장주에 대한 투자가 성공하는 이유도 마찬가지로, 아직 아무도 그 기업의 훌륭함을 깨닫지 못하고 있을 때에 투자를 하는 것이 요령입니다.

┇ 장세가 감정적일 때일수록 이익을 올리기 쉽다

주식시장은 합리성보다 감정에 근거하여 움직이는 경향이 크기 때문에 가치와 가격의 차이가 발생합니다. 특히 저조한 실적 발표나 주가 폭락 등의 경우에는 시장 참가자가 합리성이 아니라 '불안'이라는, 인간이 본래 가진 강한 생존 욕구에 근거하여 매도를 하기 때문에 실제의 가치보다도 주가가 싸지는 경우가 많습니다. 이렇게 모두가 감정에 휩쓸려 행동하기 쉬운 때에 합리성을 잃지 않으면 당연히 이익을 올릴 가능성이 커집니다.

가치와 가격의 차이를 꿰뚫어보는 것이 투자의 진수라면, 차이가 생기는 요소라 할 수 있는 '불안'과 '비관'이라는 상황은 이익을 올리기 위한 기회입니다. 예컨대 다음 두 가지와 같은 경우가 곧잘 생기곤 합니다.

- 이름을 들어본 적이 있는 기업과 들어본 적이 없는 기업이 있을 경우, 들어본 적이 없는 기업에 투자하는 편이 성공할 확률이 높다.
- 오를 것 같은 주식과 내릴 것 같은 주식에 투자하는 경우, 내릴 것 같은 주식에 투자하는 편이 성공할 확률이 높다.

이러한 이유는 모두가 생각하고 있는 만큼 그 기업의 가치가 실제로는 낮지 않기 때문입니다. 가장 비관적으로 보이는 기업에 주목하는 것도 좋은 전략이라고 할 수 있습니다.

⦂ 시장은 의외로 효율적?

이번에는 역으로 '어떻게 하면 가치와 가격의 차이가 해소되는가?' 하는 점에 관하여 생각해보겠습니다. 그러나 그에 앞서 '정말로 주가는 언젠가 기업의 가치에 접근하는가?' 라는 의문이 있을지도 모릅니다. 그 대답은 '예스' 입니다.

주가는 단기적으로는 시장의 분위기나 기업의 인기에 따라 위아래로 움직이지만, 중장기적으로는 내재가치에 수렴합니다(그림 5-1).

증권투자의 아버지라 불리는 벤저민 그레이엄은 일찍이 이렇게 말했습니다. "주식시장은 단기적으로 보면 '투표기계' 지만, 장기적으로 보면 '저울' 이다." 주가는 단기적으로는 종목의 인기에 따라 움직이지만, 장기적으로는 그 기업의 내재가치의 크기와 같아진다는 사실을 지적하고 있습니다.

왜 주가는 가치에 수렴하는 것일까요? 그것은 주식시장이 의외로 효율적이기 때문입니다. 매년 배당수익률이 확실히 3%씩 되는 A주식과 매년 배당수익률이 확실히 6%씩 되는 B주식이 있다면 어떻게 하겠습니까? 당연히 모두들 B주식을 사겠지요. 그러면 이 B주식의 주가는 결국 2배까지 올라가버리고, 배당수익률은 결국 A주식과 같은 3%로 떨어지게 되는 것입니다.

〔그림 5-1〕주가는 결국 가치에 수렴한다

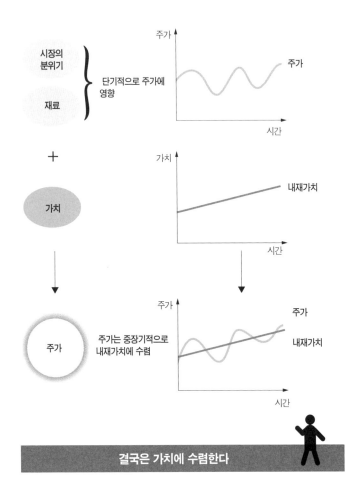

: 투자자는 주식만 바라보고 있는 것이 아니다

　세상의 투자자들이 주식만을 바라보고 있는 것은 아닙니다. 정기예금으로부터 채권, 부동산까지 모든 투자 대상을 다각도로 살펴보고 각각의 가치를 평가한 결과, 가치와 가격의 차이가 가장 큰 것에 투자를 합니다.

　투자의 1차적 목적은 투자 대상을 선택하는 것이 아니라 가치있는 것을 싸게 손에 넣는 것이므로 제2장에서 언급한 것처럼 예금이나 주식이나 부동산이나 본질적으로는 같은 것입니다. 프랑스의 포도 농장이 싸게 매물로 나와 있다는 말을 들으면 곧바로 비행기를 타고 샤토로 날아가는 것이 투자자라는 인종입니다.

　세상은 이러한 합리적인 투자자들에 의해 최종적으로는 가치와 가격이 일치할 때까지 매매가 되풀이됩니다. 그 결과, 우리들이 자고 있는 동안에도 모든 것의 가격 조정이 작동되고 있고 가치와 가격의 차이 해소가 이뤄지고 있는 것입니다. 이것은 '시장의 효율성'이라고도 할 수 있습니다. 이러한 시장의 효율성으로 인해 가치와 가격의 차이는 언젠가는 해소됩니다.

ː 이럴 때는 주식을 팔아라!

그렇다고는 하지만 감정 편향이나 정보 격차로 인하여 주가가 가치와 일치하지 않는 경우가 적지 않은 것 또한 사실입니다.

그러나 주가는 가치의 주변을 맴돌기 때문에, 우리는 가치와 가격의 차이가 크게 벌어져 저평가되었을 때에 매수하고, 주가가 오르는(즉 가치에 수렴하는) 움직임을 타고 주식을 매도하면 수익을 올릴 수 있습니다.

주식은 일반적으로 '매수보다 매도가 어렵다'고들 하지만, 논리적으로 보아 주식을 매도해야 할 시점은 다음 세 가지 중 하나에 해당됩니다.

매도 시점 1 종목 선택을 잘못했을 때

가치 평가를 잘못했거나, 경영 문제가 발생하여 가치가 파괴되었음을 알았다면 즉시 발을 빼야 합니다. 주가는 서서히 과잉 반응합니다.

매도 시점 2 현금이 필요해졌을 때

두 번째는 수중에 현금이 필요해졌을 때입니다. 기본적으로 투자란 잉여자금으로 해야 하지만 급하게 현금이 필요해지는 상황이 닥칠 수도 있습니다.

매도 시점 3 투자 대상의 저평가 정도가 낮아지고 다른 유망 종목이 발견되었을 때

이것은 중요한 포인트입니다.

가치와 가격이 완전히 일치했을 때 매도를 하는 것이 아니라, 가치와 가격의 차이가 어느 정도 메워지면 매도를 고려합니다. 이것은 결국 시장을 둘러보고 상대적으로 더욱 저평가된 종목이 발견되면 그쪽으로 '갈아 탄다'는 것을 의미합니다.

단, 주가가 상승하고 있을 때는 다른 종목도 대체로 오르게 마련입니다. 따라서 팔고 나서 금방 새로운 종목을 산다는 것은 위험이 큰 투자 행동이라고 할 수 있습니다. 팔았다면 잠시 투자를 쉬면서 분위기가 다시 가라앉을 때를 기다려 새로운 투자 대상을 찾아나서는 것이 좋을 것입니다.

이상과 같이 가치와 가격의 차이를 이용하여 주식을 매매함으로써 우리는 주식 투자로 이익을 올릴 수가 있습니다.

02

주가가 오르는 계기는?

∶ 주가가 오르기 위해 필요한 것

이번에는 주가가 가치에 접근하는 계기에 관하여 생각해보겠습니다.

주가는 단기적으로는 '재료'에 반응하고 장기적으로는 그 기업의 본질적 가치에 수렴합니다. 그러나 저평가로 방치된 회사의 주가가 오르기 위해서는 재료가 필요합니다. 이 재료를 '촉매(catalyst)'라고도 합니다. 저평가된 주식에 '볕'이 드는 계기가 강력할수록 단기간에 주가가 오르기 쉽습니다.

촉매에는 단기적 시세에 영향을 주는 것과 장기적 주가 형성에 완만하게 영향을 주는 것이 있습니다. 또한 시간과 함께 서서히 기업의 가치가 시장에서 재평가 받아 주가가 상승하고 가격이 가치에 수렴하는 것도 하나의 재료라고 할 수 있습니다. 여기서는 주가를 밀어 올리는 대표적인 촉매를 짚어보기로 하겠습니다.

: 대표적인 촉매 9가지

촉매 1 배당 확대 : 배당 확대는 속임수!?

　주가를 밀어 올리는 재료로 가장 이해하기 쉬운 것이 기업이 배당을 늘리는 것입니다. 사람들은 모두 눈앞의 돈을 좋아하기 때문에 매년 받는 배당액이 늘면 단순히 기뻐하게 마련입니다. 그러므로 통상 기업이 배당을 늘리면 시장이 반응하여 주가는 올라갑니다.

　그러나 오해는 금물입니다. 원래 주주가 정말로 받을 수 있는 (그리고 받아야 할) 이윤은 배당뿐만이 아니라 현재의 기업 이익과, 과거 이익의 축적인 순자산 전체여야 합니다. 왜냐하면 기업의 자산은 원래 주주의 것이기 때문입니다. 배당이라는 것은 그 해의 이익 중 일부를 나눠주는 것에 불과합니다.

　배당 확대에 따른 주가 상승은 연말정산으로 돈을 돌려받으면 행복해지는 직장인의 심리와 비슷합니다. 그러나 애당초 자신의 것인데 새삼스럽게 돌려받는다고 기뻐하는 것은 착각에 불과하기 때문에, 배당 확대에 따른 주가 상승이란 일종의 속임수라고 할 수 있습니다.

촉매 2 주주 우대 : 주주 우대는 투자자를 낚는 미끼

기업이 주주 우대를 충실히 함으로써 주가가 오르는 일도 있습니다. 토마토 주스로 유명한 가고메는 주주 우대에 충실을 기하여 주부를 중심으로 한 개인 장기 투자자들로부터 호평을 얻는데 성공하고 있습니다. 가고메의 개인주주가 1개월 동안 가고메 제품을 구입하는 평균 금액은 1,400엔, 일반인의 무려 14배입니다. 또한 주주들이 가고메 주식을 보유하고자 희망하는 기간은 3년 이상에 달합니다. 이렇게 주주 우대를 충실히 하여 개인 투자자들을 팬으로 만듦으로써 주가가 오르는 일도 있습니다.

그러나 여기에도 주의가 필요합니다. 주주 우대에 사용되는 자금은 원래 주주가 받아야 할 이익이라는 점입니다. 그러니 주주로서는 토마토 주스를 듬뿍 받는 것보다 그만큼을 현금으로 받는 편이 실제로 기쁜 것 아닐까요?

참고로 주주자본주의 국가인 미국에서는 물품이나 금권을 주주에게 나눠주는 주주 우대제도는 일반적이지 않습니다.

촉매 3 자사주 매입 : 자기 회사가 가장 싸다?

　기업이 자사주를 시장에서 사들이는 것도 주가 상승에 공헌하는 일이 됩니다. 이것을 '자사주 매입'이라고 합니다. 어째서 자사주 매입으로 인해 주가가 오르는가를 이해하는 것은 조금 어려울지도 모릅니다.

　자사주 매입은 자기 회사의 주가가 싸다고 판단한 기업이 스스로 자기 회사의 주식을 사들이는 것입니다. 경영자가 '신규 사업이나 다른 회사에 투자하는 것보다 자기 회사에 "투자"하는 편이 낫다!'고 생각했을 때 자사주 매입이 행해집니다.

　즉 자사주 매입이란 기업이 자기 자신에게 투자를 하는 것입니다. 자사주를 매입해 시장에 나와 있는 주식 수가 줄어들면 이익의 총액은 변하지 않아도 1주당 이익은 커집니다. 1주당 이익이 커지면 주가가 상승한다는 논리는 이해가 쉬울 것입니다.

　또한 '경영자가 자기 회사의 주가를 저평가되었다고 판단하고 있다'는 것은 시장 참가자에 대해 강력한 메시지가 됩니다. 예컨대 엑슨 모빌 계열사인 토넨제너럴 석유는 새로이 빚을 져서까지 자사주 매입을 추진하여 주가 향상에 노력했습니다. 이것은 '아직 우리 주가는 실력에 비하면 싸다'는 시장에 대한 메시지인 것입니다.

　기업의 주체적이고 전향적인 자본 정책 중 자사주 매입이나 배당 확대는 주주의 이익에 직접 영향을 주기 때문에 주가를 단숨에 상승시킬 수 있는 힘을 지니고 있습니다. 그런데 배당을 수령할 때는 세금이 내야 하지만, 자사주 매입에는 세금을 내지 않습니다. 따라서 기본적으로는 배당 확대보다 자사주 매입 쪽이 주주 환원에 의한 주가 향상 수단으로 우월하다고 할 수 있습니다.

촉매4 충실한 IR : 표현하는 기업이 이해하기 쉽다

IR(Invester Relations)을 중시하는 기업의 주가는 올라갑니다. IR이란 기업이 주주와 투자자를 대상으로 투자 판단에 필요한 정보를 제공하는 활동 전반을 가리킵니다.

기업이 인터넷을 통한 정보 공개나 주주설명회를 충실히 함으로써 주가가 상승하기도 합니다. 왜냐하면 사람은 본질적으로 자신이 이해할 수 있는 것을 좋아하기 때문입니다. 실적 전망이나 사업 내용, 전략에 관한 정보가 투자자에게 전달됨으로써 투자자의 이해가 증대하면, 그 기업의 주식을 사는 사람은 늘어납니다. 최근에는 메시지를 전하는 경영자의 동화상을 인터넷에 올리는 등 IR 활동을 충실하게 행하는 기업이 늘어나 주가 상승에 공헌하고 있습니다.

다만 최근에는 자본시장의 성숙을 배경으로 꿈같은 이야기만 늘어놓는 경영자도 적지 않습니다. 이러한 기업 가운데는 투자자

로부터 돈을 모으기만 하고, 실제로는 현금흐름을 창출하고 있지 못하는 경우도 있습니다. 투자자로부터 모은 돈으로 그 기대수익률만큼의 이익을 올리지 못하면 결국 주가가 떨어지는 것은 명백합니다.

IR에서 관심을 가져야 할 포인트는 '기업의 좋은 부분이 아니라 나쁜 부분을 어디까지 공표하고 있는가'일 것입니다. 최고의 경영자란 꿈과 현실의 양쪽을 다 말할 수 있는 사람이 아닐까요.

촉매5 신제품·신규 사업 전개 : 투자자는 새로운 것을 좋아한다

기업이 신제품 개발이나 신규 사업 전개 등 무언가 '새로운 것'을 발표하면 주가가 올라갑니다. 사람은 늘 새로운 것에 대한 기대를 품기 때문입니다. 단, 그 성과는 기대 이하로 끝나는 일이 많고, 단기간에 주가가 다시 내려가는 일도 있으므로 주의가 필요합니다.

촉매6 상장 : 무대의 차이가 인기의 차이

소박하고 눈에 띄지 않는 JASDAQ이나 2부 상장 기업이 1부 상장으로 갈아타거나, 나고야증권거래소/오사카증권거래소의 종목이 동경증권거래소에도 상장되거나 하면 주가가 상승하기도

합니다.

일단 상장되면 애널리스트가 그 기업을 관찰하기 시작하고, 애널리스트의 보고서가 나옴으로써 유명해집니다. 이렇게 되면 자연스레 종목의 인기가 높아지고 주가가 상승합니다. 또한 주식의 유동성이 높아짐으로써 인기가 오른다는 측면도 있습니다.

촉매7 M&A : 매수라는 이름의 기폭제

기업이 전략적인 M&A(Merger&Acquisition : 합병과 인수)를 발표하면 주가가 오르는 일도 있습니다. 예를 들면 최근에는 다이에를 인수한 이온의 사례가 있습니다.

또한 외부로부터의 M&A의 영향에 따라 주가가 오르는 일도 있습니다. 예컨대 TOB(주식공개매수) 등으로 사모펀드가 주목한 종목의 주가는 폭등하곤 합니다. 이런 사모펀드에 편승하여 투자하는 기법을 '빨판상어 기법(TOPIX 관련 투자기법으로 일본의 J-coffee라는 웹마스터가 자신의 책에서 처음으로 소개했다. - 역자주)' 이라고 합니다.

촉매8 액면 분할 : '잘게 나눠' 팔면 사기 쉽다

액면 분할을 통해서도 주가는 올라갑니다. 액면 분할은 투자 단

위를 보다 작게 낮춤으로써 투자자가 주식을 사기 쉽도록 합니다.

예를 들어 '스텝'이라는 회사가 있습니다. 이 회사의 주식은 2003년에는 1주당 1,000엔 정도의 주가가 형성되어 있었는데, 1,000주 단위로 밖에 팔지 않았습니다. 즉, 1계좌를 사는 데 1,000만엔이 드는 셈입니다. 이것은 소액 투자자에게는 문턱이 지나치게 높은 것이기 때문에 수요도 없어서 저평가된 채 방치되어 있었습니다. 그러나 이 회사가 2004년에 주식의 4분의 1 액면분할을 발표하자 주가는 그 후 2배로 뛰었습니다.

촉매9 대중매체의 영향 : 대중매체의 영향은 단기에 나타난다

『닛케이 비즈니스』『주간 다이아몬드』『주간 동양경제』 등 유명한 비즈니스 잡지나 신문에서 기사로 다뤄짐으로써 주가가 오르는 일도 있습니다. 또한 TV 등에서 그 기업이 소개된 다음날에 주가가 오르는 경우도 있습니다. 다만 이러한 효과는 대체로 몇 주 안에 해소되어버리기 때문에 단기적으로 매도하여 이익을 취할 필요가 있습니다.

이상 대표적인 주가 상승의 계기를 열거해보았습니다. 이밖에도 경영진의 교체나 업종 자체가 인기를 얻기 시작할 때, 정부의 규제 철폐 등도 재료라고 할 수 있겠지요. 주가 상승에 기여하는

계기는 얼마든지 더 있을 것입니다. 독자 여러분이 한번 직접 찾아보는 것도 좋을 것입니다.

⦂ '주가가 오를 것이다!' 라고 꿈꾸지 말 것

지금까지 '어떻게 해서 주가가 가치에 수렴하는가' 에 관하여 설명했습니다. 마지막으로 한 가지 기억해둘 것이 있습니다. 그것은 '처음에는 투자한 회사의 주가가 오르는 시나리오를 기대하지 않는 편이 좋다' 는 것입니다.

대부분의 투자자가 투자에 실패하는 것은 자신이 구성한 시나리오의 실현을 과신하기 때문입니다. 투자 판단을 할 때는 저평가도, 즉 가격과 가치의 차이를 중시해야 합니다.

시장은 그럭저럭 효율적이기 때문에 오래 갖고 있다 보면 주가는 반드시 그 가치에 수렴해갑니다. 좀처럼 격차가 줄어들지 않는다고 초조해할 것이 아니라 안심하고 보유하고 있는 편이 좋습니다.

좋은 투자 대상의 조건은
단 두 가지

제2장부터 제4장까지는 가치를 꿰뚫어보는 방법에 관하여 설명했습니다. 그리고 이번 장에서는 가치와 가격의 차이가 해소되는 과정에 관하여 이야기하고 있습니다.

이 모든 것을 종합하면, 결국 좋은 투자 대상의 조건은 다음 두 가지밖에 없습니다.

① 가치와 가격의 차이가 클 것
② 가치와 가격의 차이가 해소되기까지의 기간이 짧을 것

: 짐은 되도록 물가에서 멀리 둔다

가치와 가격의 차이가 크면 클수록 주가가 오를 여지가 크기 때문에 투자의 이익률은 높아집니다. 또 저평가도가 클수록 주가가 하락할 가능성도 낮아집니다. 그렇게 되면 투자자는 정신적으로도 안정되기 쉽습니다.

제3장에서 언급한 것처럼 이 가치와 가격의 차이를 '안전마진'이라고 합니다. 안전마진이란, 해변에서 해수욕을 하고 있을 때 짐을 되도록 물가에서 멀리 두는 것과 비슷한 이치라는 어느 투자자의 말은 실로 절묘한 표현입니다. 저는 개인적으로 이 안전마진을 특히 중시하기 때문에, 제3장에서 소개한 방식으로 산정한 가치와 가격의 차이가 2배 이상 나지 않는 종목에 투자하는 일은 없습니다.

: 재수생보다는 현역?

유망한 투자 대상의 또 하나의 조건은 '가치와 가격의 차이가 해소되는 기간이 짧을 것'입니다. 이것은 무슨 뜻일까요?

주가는 언젠가는 가치에 수렴하게 됩니다. 즉 가치와 가격의 차이는 시장의 거래를 통하여 자연히 메워집니다. 그러나 투자자로서는 가능한 빨리 주가가 올라주는 편이 투자 효율이 좋을 것입니다. 100엔의 주가가 200엔이 되는 데 1년 걸리는 편이 10년 걸리는 것보다 좋겠지요? 2배가 되는 데 딱 1년밖에 걸리지 않는다면 수익률은 100%가 됩니다. 한편 10년이 걸린 경우에는 복리로 수익률 7%에 불과합니다. 따라서 '차이'가 메워지는 속도도 투자 수익을 결정하는 중요한 요인인 것입니다.

유망주란 어떤 주식인가?

　앞 절에서, ① 가치와 가격의 차이 ② 그 차이의 해소 속도가 종목의 유망도를 결정하는 요소라고 했습니다. 이 점을 근거로 세로축에 가치와 가격의 차, 가로축에 그 차가 해소되기까지의 기간을 표시하여 그림으로 나타낸 것이 〔그림 5-2〕의 '유망주 매트릭스'입니다. 위로 갈수록 가치와 가격의 차가 커지고, 오른쪽으로 갈수록 가치와 가격의 차의 해소기간이 짧다는 것을 나타내고 있습니다.

　이 유망주 매트릭스의 각각의 포지션에 위치한 종목의 특징을 살펴보면서 유망주란 어떤 주식인가를 생각해 봅시다.

[그림 5-2] 유망주 매트릭스

좋은 주식이란 저평가되어 있는데다가 언젠가는 인기를 끌 법한 주식을 말함

(저평가도 높음)

대

가치와 가격의 차이

부엉이형 투자자(참을성이 강하다)

소박한 저평가 주식

양형 투자자(남에게 순종한다)

몹쓸 주식

사자형 투자자(행동력)

유망한 저평가 주식

여우형 투자자(재빠르다)

화려한 인기 주식

소

장

단 (인기 상승의 가능성 높음)

'차이' 가 해소되기까지의 기간

⦂ 소박한 주식은 다른 이들이 깨닫기 전에 사둬야 한다

우선 매트릭스의 좌측 상단부터 보겠습니다. 이 종목은 저평가 되어 있긴 하지만 그 해소까지 시간이 좀 걸릴 것 같은 소박한 주 식입니다. 예컨대 '○○공업' '○○물산'과 같이, 기업 이름이 소 박한 회사의 대부분이 여기에 해당합니다. 이러한 기업은 그 실 력이나 재산 가치가 좀처럼 평가받지 못하는 경향이 있습니다.

또한 대중매체 등에 노출이 적은 기업이나 일반적으로 관심을

끌지 못하는 소박한 업종, 예컨대 수도관 공사를 하는 회사나 교통신호기를 만드는 기업 등도 이 유형에 해당합니다. 한편 전쟁이 끝나자마자 창업하여 오랜 세월 조용히 사업을 해오면서 축적한 재산이 매우 많음에도 불구하고 그 소박함 때문에 주가가 낮은 종목도 있습니다.

: 인기 종목은 저평가되어 있지는 않지만 움직임이 빠르다

매트릭스의 우측 하단은 그다지 저평가되어 있다고는 할 수 없지만 격차의 해소 기간이 짧아 유동성이 높은(움직임이 있는) 종목입니다.

시가총액이 큰 대형 기업이나 소위 세계적 우량 종목은 외국인 투자자를 포함한 많은 투자자와 애널리스트가 점검하고 있기 때문에 좋은 기업인데다가 인기가 높은 종목이 되기 쉽습니다.

: 몹쓸 종목에는 눈길을 주지 않는다

반대로 매트릭스의 좌측 하단의 종목은 저평가도 아니고 움직임도 없는 몹쓸 주식입니다.

오래전부터 사업을 해오고 있는 상사나 제조회사 가운데는 저평가도 아니고 움직임도 없는 종목이 많이 보입니다. 투자를 할 때는 이러한 기업은 무시해버립시다.

: 아무도 모르는 유망주를 찾아내라

그렇다면 가장 유망한 종목이란 어떤 것일까요? 그것은 앞 절에서도 서술한 대로 가치와 가격의 차이가 크고 그 차이가 해소되기까지의 기간이 짧은 종목, 즉 유망주 매트릭스의 우측 상단에 위치하는 종목이 됩니다. 한마디로 말해, 지금은 아무도 그 가치를 깨닫지 못하지만 얼마 안 가 그 가치가 널리 알려질 가능성이 높은 종목입니다.

조금 더 구체적으로 말하면, 지방에서 부지런히 최고 품질의 제품을 만들고 있는 기술 지향의 제조회사로서 마침내 세계로 도약하려 하고 있는 회사, 지방에서는 인기가 높지만 이제부터 전국적으로 사업을 전개하려 하고 있는 잡화점 체인이나 할인매장, 마니아 사이에서만 유명한 첨단기술 벤처회사 등입니다.

주식시장의
네 종류의 투자자들

앞 절에서 설명한 '유망주 매트릭스'를 다시 한번 보아주십시오. 이 4분면의 어느 위치로 승부하느냐에 따라 투자자의 종류도 나뉘게 됩니다. 이것은 앞 절에서 예로 든 것과 같은 종목의 특징을 나타내는 것이 아니라, 가치와 가격의 차이에 주목하는가 아니면 인기도에 주목하는가 하는 투자자의 관점의 차이입니다.

관점의 차이에 따라 투자자는 양(羊)형 투자자, 부엉이형 투자자, 사자형 투자자, 여우형 투자자의 네 종류로 나뉩니다.

❖ 부엉이 : 매사에 장기적인 관점으로 임하는 사람들

부엉이형 투자자(매트릭스의 좌측 상단)는 시기를 보아 주가가 저평가되었을 때에 투자를 하고, 주가가 오르기까지 지긋이 기다리는 장기 투자 관점의 사람들입니다.

현명한 부엉이형 투자자들은 남들이 뭐라 하건 그 기업의 본질적인 가치만을 보고 살며시 투자합니다. 그리고 대중이 그 가치에 눈떴을 때에 태연히 매도하여 이익을 챙깁니다. 시간에 쫓기는 직장인들에게는 이 부엉이형 투자를 추천할 만합니다.

여우 : 시장의 비효율을 '이용' 하는 사람들

여우형 투자자(매트릭스의 우측 하단)는 재빠른 움직임으로 단기간에 발생하는 가치와 가격의 차이를 포착하여 즉각 투자를 하고 마진을 챙깁니다.

예컨대 같은 종목이 뉴욕과 런던에서 한순간 다른 가격이 매겨지는 일이 있습니다. 이렇게 같은 것이 두 가지 가격을 갖는 1물 2가의 상태를 포착, 그 차이를 이용하여 싸게 사서 다른 시장에서 고가로 팔곤 하는 것입니다.

여우형 투자자는 상장주식의 '유동성' 이라는 무대 위에 발생하는, 시장 참가자의 '수요(사고 싶은 사람)' 와 '공급(팔고 싶은 사람)' 의 갭으로부터 이익을 추구하는 투자자입니다.

시장 참가자의 심리를 자신감 있게 꿰뚫어보는 일이 어렵다고 생각하는 사람은 이런 투자는 피하는 편이 좋을 것입니다.

: 양 : 근거 없는 투자를 하는 사람들

매트릭스의 좌측 하단의 4분면은 저평가도 아니고 상승의 기미도 보이지 않는 주식에 투자를 하는 양형 투자자의 영역입니다.

양형 투자자는 항상 누군가의 뒤를 따라갈 뿐입니다. 그들은 타인의 추천으로 주식을 사서 그 결과로 이익을 보거나 손해를 보면서 희로애락을 경험하고 있습니다.

주식 투자를 도박이라고 단언하는 사람은 대부분 이런 유형으로, 엄청난 스트레스를 느끼면서 투자를 하고 있습니다.

: 사자 : 투자 세계의 프로들

사자형 투자자(매트릭스의 우측 상단)는, 가치와 가격의 차이를 포착하여 그것을 자기 힘으로 억지로 메워버리는 사람들입니다. 대형 사모펀드 등이 여기에 속합니다.

사자형 투자자는 저평가된 기업을 통째로 매수하여 스스로 기업을 해체한 다음 쪼개어 팔거나, 기업 가치를 높인 후에 다른 회사에 매각하기도 하고, 상장시켜서 투자금 회수를 도모하기도 합니다.

이상 네 종류의 투자자 중, 여러분은 어떤 투자자가 되고 싶습니까?

요약

① 주식 투자란 결국 가치와 가격의 차이를 꿰뚫어보는 게임이다.

② 가치와 가격의 차이는 '정보 격차'나 '시세의 느낌(감정 편향)'에서 비롯된다.

③ 중장기적으로 가치와 가격의 차이는 메워진다.

④ 가치와 가격의 차이를 메우는 '시나리오'를 알면 빨리 이익을 확정할 수 있다.

⑤ 주식의 매각은 상대적으로 저평가도가 높은 다른 종목을 발견했을 때 행한다.

⑥ 유망주란 가치와 가격의 차이가 크고 빨리 그 차이가 메워지는 종목이다.

ː 장기 투자의 '함정'

'직장인이나 개인 투자자들이 주식 투자를 한다면 오랫동안 팔지 않고 보유하는 "장기 투자"를 하는 것이 좋다' 는 이야기를 자주 접하게 됩니다. 하지만 솔직히 말해서 저는 '과연 그럴까?' 싶습니다. '장기 투자가 좋다' 고 주장하는 분들은 왜 좋은가를 더 분명히 설명해야 한다고 생각합니다. 단순히 '오랫동안 갖고 있는 편이 왠지 수익이 컸다' 는 각종 데이터만을 근거로 장기 투자를 권유하는 것은 이상하지 않습니까?

그래서 이 칼럼에서는 장기로 종목을 보유한다는 것의 본질적인 의미에 관하여 생각해보겠습니다. 그것은 두 가지로 생각할 수 있습니다.

첫째, 장기 투자는 세금과 수수료 면에서 유리합니다. 단기로 주식 매매를 반복하면 당연히 매매 수수료가 많이 듭니다. 게다가 매도 시에는 이익을 확정하게 되므로 그 이익에 대하여 소득

세(통상 20%, 2013년 12월 31일까지는 10%)가 징수됩니다. 그러면 과세 분만큼 다음에 투자할 때의 투자원금이 줄어들게 됩니다. 그런데 주가가 올라도 묵묵히 기다리면서 매도를 하지 않으면 그 미실현이익에 대하여는 과세되지 않으므로 세금을 뒤로 미루는 셈이 된다는 장점이 있습니다(이것은 조금 난해한 이야기지만, '뭐 그런 절세 효과도 있구나.' 하는 정도로 생각해주십시오).

둘째는 기업의 '가치'와 '가격(주가)'의 갭이 조정되어 양자가 일치되기까지는 '장기간'이 필요하다는 의미입니다. 사실 이 두 번째 포인트가 장기 투자가 갖는 진짜 의미입니다. 요컨대 '장기 투자라는 것은 가치와 가격이 조정되는 데 시간이 걸리므로 지긋이 기다리자'는 것이겠지요.

그렇다면 '장기로 투자를 한다'는 것은 실은 그 자체가 목적인 것이 아니라 가격 조정을 위한 단순한 '수단'에 불과한 셈이 됩니다. 그런 의미에서 가격 조정이 빨리 일어나준다면 오랜 기간 기다리지 않아도 좋다고 할 수 있습니다. 오히려 우리 투자자로서는 싸게 매입한 주식이 되도록 빨리 시장에서 인기를 얻어 상승해주는 편이 당연히 좋은 것입니다.

그러므로 우리는 기업의 가치에 주목하는 냉정한 가치 투자자인 동시에, 다른 한편으로 스스로 발굴한 아이돌 스타의 원석이 조기에 인기 상승하기를 바라는 능력있는 프로듀서가 되어야 합니다. 고수익을 창출하기 위해서는 가치 투자뿐만 아니라 인기를 얻을 시나리오까지 필요한 것입니다.

장기 투자에는 단순히 앉아서 기다리기만 하면 된다는 고정관 념이 있습니다. 연예계에 비유하면 대기만성의 트로트 가수 정도 라고 할 수 있을까요? 우리는 실력 있는 신인 가수를 발굴하여 그 인기가 폭발하는 과정과 타이밍까지 꿰뚫어볼 수 있는 진짜 통찰 력 있는 투자자를 지향해야 할 것입니다.

제6장

'감정의 덫'에
걸리지 않기 위해

THE SMART
INVESTOR

왜 주식으로
손해를 보는가?

⁚ 손해를 보는 것은 같은 유형을 반복하기 때문

이 책에서는 지금까지 투자의 본질적인 사고방식에 관하여 서술해왔습니다. 그것은 투자를 할 때는 그 투자 대상이 무엇이든 우선 가치를 산정하고, 그보다 낮은 가격일 때에 산다는 것입니다. 이 원칙만 제대로 지킨다면 주식이든 부동산이든 장기적으로는 투자로 성공할 수 있습니다.

그러나 주위를 둘러보면 실제로는 주식 투자에 실패하는 사람이 많습니다. 사람들은 왜 투자에 실패하는 것일까요?

주식 투자에서 손해를 보는 데는 일정한 유형이 있습니다. 그것은 우선 투자를 함에 있어 근거가 없다(또는 약하다)는 것입니다. 근거가 없으면 자기가 산 가격에 자신을 갖지 못합니다. 그러면 투자한 후, 하루하루의 주가 동향을 보고 있는 사이에 점점 감정적이 되어갑니다. 그리고 '감정의 덫'에 걸리고 맙니다. 감정의 덫에 걸리면 사람은 자연히 손해를 불러오게 됩니다.

이 유형을 순서대로 쫓아가보겠습니다.

: 근거 없는 투자는 도박이나 마찬가지

자신의 판단이 아니라 다른 사람의 권유나 소개를 통해 주식을 사는 사람이 있습니다. 예컨대 잡지나 텔레비전, 인터넷의 게시판 등에 소개되는 종목을 사는 사람들입니다. '다른 사람이 권유하는 주식을 사지 말라. 주식 투자는 스스로 판단하라'고 많은 책에 쓰여 있습니다. 그런데 왜 타인이 권유하는 주식을 사면 안 되는 것일까요?

그 이유 중 하나는 스스로 판단하여 실패나 성공을 체험하지 않으면 배움과 성장이 없다는 것인데, 이것이 문제의 본질이라고 할 수는 없습니다.

근본적인 문제는, 다른 사람의 소개로 주식을 사면 주가가 올라도 내려도 그 이유를 알 수 없다는 사실입니다. 소개한 쪽은 주가가 올라갈 것이라는 예측에 나름의 근거를 갖고 있겠지만, 소개 받은 쪽은 대개 그런 근거는 거의 무시하고 소개 받은 종목의 이름만을 머리에 새겨놓고 곧바로 매수에 들어갑니다. '저 사람이 말하는 것이니 틀림없다'고 굳게 믿어버리는 것입니다.

이유를 모르기 때문에 돈을 벌고 잃는 것은 그때그때의 운에 지나지 않는, 완벽한 도박이라고 할 수 있습니다.

그러나 '근거가 없는 도박을 했다고 해서 반드시 손해를 본다는 법은 없다'고 생각하는 사람도 있을지 모릅니다. 하지만 '근거 없는 투자'를 하면, 실제로 손해를 보는 경우가 엄청나게 많습니다. 그 이유는 우리들의 마음의 작용, 즉 감정에 있습니다.

다음 절에서 이 점에 관하여 살펴보겠습니다.

'감정의 덫'이
손해를 부른다

: 확실성과 가능성, 어느 쪽을 선택할 것인가?

먼저 간단한 퀴즈를 풀어 보겠습니다.

Quiz 3

당신은 어떤 업무에 성공하여 회사로부터 상여금을 받게 되었습니다. 그
런데 다음 중 한 가지 방법을 선택하여 수령해야 합니다.

A. 800만원을 받는다.

B. 1,000만원을 받되 주사위를 던져 '6'이 나오면 1원도 못 받는다.

그렇다면 확실히 800만원을 받는 A와 한 푼도 못 받을 가능성이 있는 B

중에서, 당신이라면 어느 쪽을 택하겠습니까?

대답하기 전에 한 문제 더 풀어봅시다.

Quiz 4

당신은 어떤 업무에서 실패하여 벌금을 내게 되었습니다. 선택은 다음 두 가지입니다.

A. 800만원을 낸다.
B. 1,000만원을 낸다. 단, 주사위를 던져 '6'이 나오면 1원도 내지 않아도 된다.

이번에는 돈을 잃는 경우입니다. A를 택하여 800만원을 낼 것인가, 1원도 안 낼 기회가 있는 B에 걸 것인가. 자, 어느 쪽을 택하겠습니까?

이제 해답을 밝히겠습니다.

우선, 〈Q3〉에서 당신은 확실히 800만원을 받을 수 있는 A쪽을 선택하지 않았습니까? 통계에 따르면 80% 이상의 사람들이 A를 선택한다고 합니다.

그러나 확률론에 근거한 합리적인 행동은 B쪽입니다. 어째서일까요?

분명히 A는 확실히 800만원을 받습니다. 그러나 B의 6분의 1의 확률로 1원도 받지 못한다는 것은, 역으로 말하면 6분의 5, 즉 약 83%의 확률로 1,000만원을 손에 넣을 수 있는 셈입니다. 얻을 수 있을지도 모르는 1,000만원에 그 확률 약 83%(6분의 5)를 곱하면, B는 830만원이 되어 A의 800만원보다 유리합니다.

　〈Q4〉에서는 어떨까요? 이번에는 B를 선택하지 않았습니까?

　그러나 이번에는 A가 정답입니다. 여기서는 얌전히 내고 마는 것이 좋습니다. B의 경우, 잃을 가능성이 있는 금액 1,000만원 × 그 가능성 83%(6분의 5)=830만원이 되어, A의 800만원을 내는 것보다 불리합니다.

이 퀴즈로부터 알 수 있는 것처럼, 우리들은 실제로는 좀처럼 합리적인 판단을 할 수가 없습니다. 물론 지금 수중에 300만원밖에 없는 사람과 이미 1억원의 저금이 있는 사람은 위험에 대한 허용도가 다르기 때문에 일률적으로 이러한 판단을 할 수 있는 것은 아닙니다.

그러나 만약 현명한 투자자를 지향하여 향후에도 계속적으로 투자를 할 것이라면 냉정하게 확률론적 견지에서 합리적인 판단을 내려야 할 것입니다.

그러지 않으면 우리들은 '이익은 확실히 얻고 싶고, 손해는 가능하다면 피해가고 싶다'는 '감정의 덫'에 빠지고 맙니다. 이러한 '이익은 확실히, 손해는 피해 보자'는 감정의 덫으로 인해 사람은 자연히 〈Q3〉에서는 확실히 800만원을 손에 넣을 수 있는 A를 선택하고, 〈Q4〉에서는 손해를 피할 수 있을지도 모르는 B를 선택하고 마는 것입니다.

경마장에 갔을 때 계속 예상이 빗나간 날의 최종 레이스에서는 굳이 대박을 노리는 일이 많은 것도 지금까지의 손해를 모두 만회하고 싶다고 생각하기 때문입니다.

∶ 손실은 '매도'에서 발생한다

대체로 사람들은 주식을 살 때는 합리적으로 생각하면서도 팔 때는 감정적이 됩니다. 그 이유는 주가가 매일 오락가락 흔들리기 때문입니다.

하루하루의 주가의 '흔들림'을 보고 있자면, 근거 없는 투자자의 마음도 주가에 휩쓸리듯 같이 흔들리게 됩니다. 주가가 내려가면 불안해지고, 올라가면 낙천적이 됩니다. 이렇게 투자자는 매수할 때의 근거가 아니라 그때그때의 감정에 따라 매매를 하게 되는 것입니다.

감정에 기반을 둔 근거 없는 투자자의 행동 유형은 앞서의 퀴즈와 마찬가지입니다. 그들은 이익이 나고 있는 주식을 얼른 팔아치우고 싶어하거나 손실이 나고 있는 주식을 오래 들고 있는 경향이 있습니다. 이 감정에 근거한 매도는 이익을 작게, 손실을 크게 만드는 비합리적인 것입니다. 그리고 이러한 행동을 반복하다보면, 오랜 시간에 걸쳐 손실이 자꾸만 부풀어갑니다(그림 6-2). 손실은 주식을 살 때가 아니라 팔 때에 생기는 것입니다.

이익은 확실히 손에 넣고 싶고, 손실은 어떻게든 피하고 싶은 것이 인지상정이다

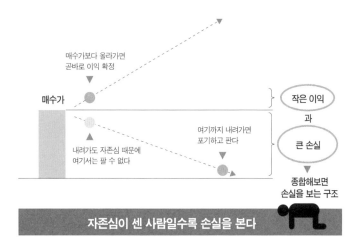

∴ '후회'와 '자존심'이 손실을 초래한다

그러면 왜 감정에 근거한 투자를 하면 이러한 비합리적인 행동을 하게 되는 것일까요? 그것은 우리의 감정이 자연히 '후회를 피하고 자존심을 지키는' 쪽으로 움직이기 때문입니다.

후회란 '얻을 수 있다고 생각한 것을 얻을 수 없을' 때 발생합니다. 자존심은 '승부'를 의식하는 데서 시작됩니다.

주가가 매수한 가격보다 조금이라도 상회하면 바로 팔아서 이

익을 확정하고 싶은 것은, '이익은 확실히 손에 넣고 싶다'고 생각하기 때문입니다. '주가가 올라서 지금 팔면 이익이 예상된다. 하지만 이대로 두면 앞으로 주가가 내려가버릴지도 모른다. 그렇게 되면 분명히 후회를 하겠지, 그러니 이익이 나 있는 동안에 팔아버리자'고 생각하는 것입니다. 애초에 투자를 했을 때의 근거가 약하기 때문에 앞으로 더욱 오를 것이 틀림없다고는 생각하지 못하는 것입니다.

또한, 주식 투자를 '승부'로 생각하고 있기 때문에 이익의 크기보다 이익이 나고 있는가 아닌가가 문제가 되는 것입니다. 따라서 작은 이익이라도 매수가보다 비싸게 팔면 '이겼다'고 생각합니다. 이렇게 해서 커다란 이익을 놓쳐버리고 맙니다.

역으로 소득은 확실히 손에 넣고 싶다고 생각하는 한편, '손실은 되도록 피해가고 싶다'고 생각합니다. 주가가 내렸다고 해서 손실을 확정하는 것은 자존심이 허락하지 않기 때문에 팔지 않고 질질 끌게 됩니다. 이렇게 되면 주가가 점점 내려가도 좀처럼 팔 수 없습니다. 그러다가 결국에는 포기하게 되기 때문에 손실을 확대시키는 것입니다.

이것이 주식 투자에 있어서의 '감정의 덫'입니다.

_03
투자자에게
희망은 있는가?

투자의 기준을 갖지 않고 근거도 없이 투자를 하면, 사람은 감정의 덫으로 이끌려가게 되어 주식에서 거듭 손실을 입게 마련입니다. 그러다 보면 '주식은 역시 무서워, 얌전히 예금이나 하자'고 주식 투자를 포기하게 됩니다.

대체 우리는 어떻게 하면 좋을까요? 투자자에게 희망은 있는 것일까요? 방법은 있습니다.

첫째, 항상 냉정함을 유지하며 기업의 가치에 근거하여 투자 판단을 하는 것입니다. 보유 주식의 주가가 내려갈 때 투매로 치닫지 않도록 하는 것은 역시 그 투자 대상의 본질적인 가치에 대한 깊은 이해라고 생각합니다. 그런 의미에서 기업 가치를 꿰뚫어보는 기술이 불가결하다고 하겠습니다.

감정의 덫을 피하는 또 하나의 방법은, 감정적인 행동이 손실을 부른다는 것에 대해 깊이 이해하는 것입니다. 감정의 덫은 그 메커니즘만 알면 의외로 피하기 쉬워집니다. 이 분야는 '행태재무학'이라고 불리며, 그 분야의 권위자라고도 할 수 있는 대니얼 카너먼이 노벨 경제학상을 수상한 이래 더 깊은 연구가 진행되고 있습니다.

투자에 도움이 되는
일곱 가지 습관

지금까지 기본적인 투자의 방법과 투자에서 손실을 보게 되는 메커니즘에 관하여 생각해보았습니다. 마지막으로 이 절에서는 투자에 도움이 되는 일곱 가지 습관을 소개하겠습니다.

첫 번째 습관 주가가 '올라갈까 내려갈까'를 예측하는 것이 아니라 '저 평가 되었는가 아닌가'에 주목하자

첫 번째 습관은 투자의 기본입니다. 투자의 진수는 '그 기업의 가치(사업 가치, 재산 가치)에 비하여 얼마나 싸게 구입하는가'에 있습니다. 정말로 높은 이익을 올리고 있는 사람은 기본이나 본질에서 벗어나는 일은 결코 하지 않습니다. 응용이란 결국 기본을 심화하고 살을 붙이는 것에 불과합니다. 제가 투자에 확신

을 가지는 경우는 두 개의 근거, 즉,

① 가치와 가격에 차이가 있는 것
② 그것이 수정될 만한 계기가 있는 것

이 분명할 때에 한정합니다.

첫 번째 습관은 가치와 가격의 차이에 주목하는 것입니다. 그것이 보일 때 비로소 '수정'의 계기를 고민하기 시작합니다.

사람은 주가 상승의 시나리오를 꿈꾸며 주식을 삽니다. 꿈을 꾸기보다는 살벌한 현실에 눈을 뜬다고 하는, 지극히 소박한 사고방식이 가장 중요하다는 것이 개인적인 생각입니다. 투자자는 '희망'이라는 단어를 자신의 사전에 넣어서는 안 되는 것입니다.

두 번째 습관 의견이 아니라 사실에 근거하여 판단하자

관점이 유효하다면, 사실에 근거한 판단의 결과에 배신당하는 일은 없습니다. 개인 투자자가 지녀야 할 기본적인 관점은 딱 세 가지 입니다.

① 저평가도(대차대조표의 건전성, 사업의 유망성)
② 경영 능력(주주 중시도, 자본 정책의 수완)

③ 가격 수정의 계기(유동성, 테마 등)

사실을 확인하는 데 필요한 도구는 그다지 많지는 않습니다. 재무제표가 정보의 60%, 과거 10년의 기사가 정보의 20%를 차지합니다. 나머지 20%는 인터뷰 등의 생생한 정보입니다. 이것을 챙기는 것도 소박하지만 중요한 습관입니다.

세 번째 습관 결과가 아니라 그 이면에 있는 원인을 직시하자

중요한 것은 주가의 '올랐다, 내렸다'고 하는 결과가 아니라 그 이유입니다. 사람이 배운다는 것은 궁극적으로는 세상의 인과관계의 유형을 많이 알아서 보다 더 본질에 접근하는 것이라고 생각합니다.

많은 투자자가 주가를 뒤쫓아 차트 분석으로 치닫는 이유는 간단합니다. 모두가 알고 있는 지표가 단 하나, 주가라고 하는 '결과' 밖에 없기 때문입니다. 결과를 아무리 주물러봤자 '내일'로 이어지는 가치 있는 지혜는 얻을 수 없습니다.

또, 주가의 하락은 싼 값에 구입할 기회이지 손해나 위험이 아니라는 것도 명심할 필요가 있습니다. 설령 손실을 보더라도 그것은 '손금(損金)으로 인식되므로 세무상으로는 오히려 이익이다'고 생각하면 마음도 안정이 됩니다.

네 번째 습관 모든 것을 알 필요는 없다. 가치의 '본질'을 간파하자.

'주식'을 사는 것이 아니라 '기업'을 사는 것임을 잊어서는 안 됩니다. 저는 증권시장에 몸담고 있다기보다는 기업의 경영에 가까운 곳에 있기 때문에, '기업이 가치를 창출하는 원천은 무엇인가?'를 항상 추구하고 있습니다. 지금까지 여러 기업을 보아왔지만, 가치의 원천은 어느 기업이나 한두 가지밖에 없었습니다. '그 회사의 강점을 한마디로 말하면?'이라는 물음은 제가 좋아하는 질문이기도 합니다. 그러나 솔직히 이 네 번째 습관을 실천하는 것은 간단치 않습니다.

다섯 번째 습관 투자는 수단이지 목적은 아니라는 것을 알자

투자를 항상 계속할 필요는 없습니다. 저평가된 투자 대상을 찾을 수 없을 때는 투자 자체를 삼가는 편이 좋을 것입니다. 절대 성급하게 한몫 잡으려는 생각은 하지 말아야 합니다. 이것이 되지 않으면 반드시 '감정의 덫'에 빠지게 됩니다.

여섯 번째 습관 매월 최소한수입의 10%를 증권계좌에 불입하자

이것은 저 유명한 책 『바빌론 부자들의 돈 버는 지혜』(조지 사무엘 클라슨 著)에도 나오는 자산 형성의 습관입니다. 바빌론의 유적에서 발굴된 점토판에는 어느 노예가 빚을 갚고 부를 일구기까지의 일기가 새겨져 있습니다. 그 내용은, '우선 수입의 10%를 반드시 자신의 수중에 간직할 것, 그리고 20%를 빚의 변제에 사용할 것, 나머지 70%로 생활할 것' 입니다. 이 점토판에 새겨진 습관을 실천한 대학교수는 훌륭히 빚을 완제하고 부를 일궜다는 내용입니다. 저절로 고개가 끄덕여질 만큼 심오한 지혜가 가득한 명저입니다.

요컨대 10%는 처음부터 없었던 것으로 치고 증권계좌에 옮겨두자는 것입니다. 수입의 70%로 생활한다고 해도 불편한 점은 의외로 그리 많지 않을 것입니다.

일곱 번째 습관 겸허히 배우는 자세를 간직하자

자신이 똑똑하고 우수하다고 과신하는 순간부터 손실은 시작됩니다. '과신' 과 '자신감' 은 전혀 다른 것입니다. 스스로의 투자능력을 과신하면 기업의 가치의 본질을 꿰뚫어보는 시야가 흐려집니다.

투자의 세계에서는 배움에 끝이 없습니다. 성공을 하든 실패를 하든 항상 그것으로부터 배우고자 하는 겸허함을 잊지 않도록 합시다.

여러분의 투자가 5년 후, 10년 후에도 훌륭한 성과를 거둘 수 있기를 기원합니다!

요약

① 근거 없는 투자는 도박이 된다.

② '이익은 확실히 손에 넣고 싶다, 손실은 되도록 피해가고 싶다' 는 감정의 덫에서 손실은 시작된다.

③ 계속 투자를 할 예정이라면 냉정히 확률론적 견지에서 합리적인 판단을 내려야 한다.

: 주식 투자는 수단인가 목적인가?

투자는 수단일까, 목적일까? 많은 사람들이 놓치고 있지만, 이것은 지극히 중요한 문제라고 생각합니다.

저는 항상 주식 투자를 단순한 수단으로 여기려고 애쓰고 있습니다. 왜냐하면 투자를 하는 것 자체가 목적이 아니라 투자로 인해 얻은 돈을 효과적으로 사용하는 것이 목적이기 때문입니다. 목적은 변할 수 없지만 수단은 언제든지 대체 가능합니다. 만일 주식 투자로 이익을 얻을 수 없다면 다른 수단, 예컨대 부동산 투자를 하거나 목장 경영을 하면 됩니다. 또는 돈을 쓰지 않고 목적을 달성할 수 있도록 노력합니다.

이렇게 '투자를 수단화 한다'는 생각을 갖는 것은 투자로 수익을 얻고자 생각하는 개인 투자자에게 있어 매우 중요한 '기술'입니다. 왜냐하면 인간은 '목적'에는 감정을 이입하지만 '수단'에는 보통 감정이 수반되지 않기 때문입니다. 되도록 '감정의 덫'을 피해가는 것이 투자 수익을 올리는 첫걸음이기 때문에, 투자를 수단화 하여 인식하는 것은 그만큼 중요합니다.

주식 투자를 할 때, 우리가 빠지지 쉬운 감정의 덫의 대표적인 예는 '주가가 하락할 때의 불안' '단기 고수익 욕망' 일 것입니다. 주가의 하락이 계속되면 우리는 불안해지고 주식을 구입했을 때의 자신감을 순식간에 잃게 됩니다. 매수 당시의 계기가 애매하면 애매할수록 자신감의 상실 속도는 빠른 법입니다(반대로 주가 상승 시에 들뜨는 정도도 높아집니다).

자신감 상실이 일정 정도에 달하면 우리는 주식을 내던집니다. 그때의 감정은 '이제 더 이상 떨어지는 것을 견딜 수 없다' 는 것입니다.

그러나 만일 감정이 안정되어 있다면, 주가가 하락하고 있다는 '현상' 이 아니라 그 '원인' 에 초점을 맞출 것입니다. 그리고 기업의 상황을 빠짐없이 누차 확인하여, 그 기업의 가치가 훼손되지 않았다면 굳건히 매수를 늘려갈 것입니다.

또한 '단기간에 고수익을 얻고 싶다' 는 욕망도 우리를 '도박' 으로 유혹합니다. 도박의 본질은 투자 효율이 나쁘다는 것보다 감정적 속박에 의한 의사결정의 실수에 있습니다. 도박성 투자자에게는 롤러코스터처럼 주가의 상승 하락을 보여주는 종목에 몸을 맡기는 것 자체가 '즐겁다' 는 감정을 수반하는 것이고, 따라서 주식의 매매라는 행위 자체가 '목적' 이 됩니다. 따라서 도박성 투자자를 향해 '이익이 남지 않으니 그런 식의 투자는 그만두라' 고 하는 것은 본말전도입니다.

'세계 제일의 펀드매니저' 라 불리는 마젤란펀드의 피터 린치는 "가장 잘된 투자는 비즈니스처럼(businesslike, 합리적으로) 행 해 지는 것"이라고 말합니다. 싼값에 주식을 구입하여 두근두근 주가 상승을 기다리는 것도 중요하지만, 감정에 근거하여 사자 팔자의 의사결정을 하는 것은 투자에 있어서는 최악의 결과를 부를 수 있습니다.

투자로 수익을 올리는 비결은 '투자라고 하는 것을 얼마나 인 생을 즐겁게 살기 위한 단순한 수단으로 인식하고 있는가' 에 달려 있는지도 모릅니다.

여러분에게는 투자란 대체 무엇입니까? 그리고 그 진짜 목적은 무엇입니까?

이 책을 끝까지 읽어주신 독자 여러분께 깊이 감사드립니다.

이 책의 주제는 오직 '기업의 본질가치를 간파하여 저평가된 가격으로 주식을 사는 것'이라고 하겠습니다.

지금까지 일본에서 기업 가치 평가(밸류에이션)는 일부의 금융 전문가나 M&A 관계자 등 극히 한정된 사람들만의 것이었습니다. 이 책은 전문가들이 사용하는 가치 평가 기법을 재무에 문외한인 일반 투자자들에게 소개함으로써, 그들이 실제로 주식 투자에서 이익을 올릴 수 있기를 희망하며 집필한 것입니다.

투자의 입문자라도 이해할 수 있도록 위험, 주가 변동성, WACC(가중평균자본코스트) 등의 다소 어려운 재무의 개념에 관해서는 되도록 간략하게 해서 알기 쉽게 설명하고자 했습니다. 때문에 재무에 정통한 독자라면 지나친 단순화가 아니냐며 질책을 할지도 모르지만, 이 책의 목적을 감안하여 양해해주시기 바랍니다.

'가치'라는 단순하고도 객관적인 '투자의 기준'을 손에 넣은 투자자는 감정에 흐르지 않고 항상 냉정히 투자 판단을 할 수 있을 것이라 믿습니다.

지금의 일본을 둘러보면, '주식은 어디까지나 "도박"이고, 주식 투자로 돈을 버는 것은 왠지 찜찜한 일'이라는 사회통념이 있는 것처럼 보입니다. 실제로 투자를 '가치와 가격의 차이를 누구보다도 빨리 간파하는 게임'으로 정의하면, 사회의 가치 창출에 아무 공헌도 하지 않는 단순한 트레이딩(매매)은 비판받아도 어쩔 수 없는지 모릅니다.

그러나 과감하게 위험을 부담하고 사업에 돈을 대는 투자자가 없다면 우리의 생활을 지탱하는 경제 활동을 영위할 수 없다는 것 또한 사실입니다.

저는 앞으로도 기업의 경영과 금융 업계의 말석에 있는 사람으로서, 건전한 주주자본주의의 방향을 모색함과 동시에, 개인 투자자들의 실질적인 금융 지식 향상에 조금이라도 보탬이 되고자 합니다.

이 책을 쓰면서 편집에 참여해 준 도키와 아유코 씨, 가토 치사토 씨, 야마구치 카즈야 씨에게 많은 도움을 받았습니다. 좀처럼 진전이 없는 저를 때로는 따뜻하게 지켜봐주시고, 때로는 좋은 토론 파트너 역할도 해주셨습니다.

또한 동료와 친구들은 책의 골자를 만드는 것에서부터 세세한 논점에 이르기까지, 예리한 지적과 적극적인 충고를 아끼지 않았습니다. 그들과의 일상적인 토론 또는 대화에서 얻은 지식과 영감의 '가치'는 도저히 돈으로 환산할 수 없는 것입니다. 항상 감사하고 있습니다.

마지막으로 독자 여러분의 투자가 모쪼록 좋은 결실을 맺을 수
있기를 기원합니다.

야마구치 요헤이

- BPS(Book-value per Share: 1주당 순자산)
  1주당 순자산. 투자 대상 기업의 순자산을 발행 주식 수로 나눈 것.

- EPS(Earnings per Share: 1주당 순이익)
  1주당 순이익의 금액. 주주가 1년간에 받을 수 있는 몫(배당금+유보이익)이 됩니다.

- **EPS성장률**
  매년의 1주당 순이익(EPS)의 증가율

- PBR(Price Book-value Ratio: 주가순자산비율)
  해당 기업의 주가(시가총액)가 회계상의 청산가치(주주자본)의 몇 배인지를 나타내는 지표.

$$PBR = \frac{주가}{1주당\ 순자산(BPS)}$$

- PER(Price Earnings Ratio: 주가수익비율)
  주가와 기업의 수익력을 비교함으로써 주식의 투자가치를 판단할 때에 이용되는 척도.

$$PER = \frac{주가}{1주당\ 순이익(EPS)}$$

- ROE(Return On Equity: 자기자본이익률)
  주주가 맡긴 돈(자본)을 사용하여 당기에 주주에게 귀속되는 이익을 얼마나 창출했는가, 즉 주주자본의 운용수익률을 나타냅니다.

$$ROE = \frac{당기순이익}{순자산(자기자본)}$$

- **주가**

    증권시장에서 매일 주식에 형성되는 가격. 투자자가 기업에 투자할 때에 지불하는 금액(투자원금)입니다.

- **기대수익률**

    사업과 실적의 불확실성의 정도에 따라 주주가 기업에 기대하는 수익률을 말함. 불확실성(위험)의 정도가 클수록 기대수익률은 커집니다.

- **배당성향**

    기업이 당기순이익 가운데 얼마나 배당금으로 지불하였는가를 나타내는 지표.

$$배당성향 = \frac{1주당 \ 배당액}{1주당 \ 당기순이익} \times 100(\%)$$

- **무위험이자율(Risk Free Rate)**

    불확실성이 제로(無 리스크)일 때, 투자자가 요구하는 기대수익률(예: 선진국의 국채수익률)

바야흐로 '대세'는 가치투자다. 미국발 금융위기로 전 세계 경제가 출렁거리고 주가는 한치 앞을 내다볼 수 없을 만큼 널뛰는 최근의 장세에서 차트 분석에 연연하는 데이트레이더들은 여간해서 힘을 쓸 수 없다. 반면 평소에 가치 투자에 뜻을 두고 꾸준히 기업 분석을 실천해 온 투자자라면 오히려 요즘과 같은 폭락장세가 절호의 기회가 된다. 가치 있는 기업을 대 바겐세일 가격으로 살 수 있기 때문이다.

그러나 가치 투자의 장점을 이해하고 거기에 동조하는 개인은 많지만 막상 이런 바겐세일 기회를 목전에 두고서도 조바심만 앞설 뿐, 선뜻 투자에 임하기란 쉽지 않다. 가치 투자를 실천하는 방법을 모르기 때문이다. 이미 시중에 많은 가치 투자서들이 가치 투자의 장점을 역설하고 당위성을 주장하지만 실제로 시장에서 살아 있는 기업의 가치를 어떻게 계산해야 하는지 그 ABC를 제시해주는 책은 찾아보기 힘든 실정이다. 뭔가 방법론을 제시하는 것 같긴 한데 실제로 그 방법론을 실천하기 위해 필요한 자료를 개인 입장에서 구할 수 없거나 본업에 종사하고 있는 일반인으로서는 감당하기 힘든 시간과 노력을 필요로 하기 때문이다.

이렇게 가치 투자를 지향하지만 실천 방법을 알지 못하는 수많은 개인 투자자들에게 이 책은 고맙게도 기업의 가치를 산정하는 공식을 제시해준다.

　재산을 증식시키기 위한 수많은 방법들, 예컨대 복권이나 경마, 부동산 투자, 저축, 보험 등등 많은 선택지 가운데 왜 주식 투자라는 방법이 탁월한가부터 시작해서 '가치' 의 개념은 무엇인가, 기업의 '가치' 의 원천, 즉 돈 버는 비즈니스의 비밀은 무엇인가, 주가가 오르는 패턴의 분석, 그리고 저자가 보는 '유망주' 의 정의까지, 저자는 이 책을 통해 주식 투자를 실천함에 있어서 기둥이 될 만한 굵직한 뼈대들을 잡아주고 있지만, 그 가운데서도 이 책을 가장 돋보이게 하는 요소는 바로 기업 가치 산출의 공식이 아닐까 싶다. '사업 가치와 재산 가치를 더해 거기서 부채를 뺀 것을 발행 주식 수로 나누라' 는 것. 그러한 공식이 나온 데에는 골치 아픈 뒷 배경에 어려운 용어도 숨겨져 있겠지만 저자는 초심자도 쉽게 접근할 수 있도록 군더더기 없는 공식으로 정리하고, 그 공식에 적용해야 하는 최소한의 항목들을 어디에서 어떻게 얻어야 하는지 까지 친절히 알려주고 있다.

　이 책에서 제시하는 기업 가치 산정을 위한 '공식' 의 바탕에는 골치 아픈 수학적 배경이나 어려운 용어 대신 '감정의 배제' 라는 철학이 깔려 있다. 가치 투자, 아니 주식 투자, 더 크게는 재산을 증식시키기 위한 모든 방법을 실천함에 있어 저자가 일관되게 주장하는 가장 중요한 핵심이 바로 '감정의 배제'라는 점을 기억해야 할 것이다. 많은 이들이 안 되는 줄 알면서도 복권, 경마에 손을 대고, 손해 볼 줄 알면서도 투기의 유혹을 뿌리치지 못하는 것은 바로 감정을 교묘히 이용당하기 때문이다.

　주식 투자에서도 무엇보다 먼저 감정이 배제되어야 한다. 종목을 선정함에 있어 부실한 기업인 줄 알면서도 루머에 흔들려 혹시라도 대박을 터뜨릴 것만 같은 '감정'에 휘둘리지 않도록 하기 위해 빈틈없는 공식을 제시하고, 철저히 감정을 배제한 채 공식에 따라 투자할 것을 권유한다. 또한 혹 종목 선택을 실수하여 손절매가 절실한 시점인데도 혹시나 하는 '감정', 또는 가격이 가치에 거의 수렴하였는데도 왠지 아쉬운 욕심이라는 '감정'이 앞서 매도 타이밍을 놓치지 않도록 하기 위해 역시 빈틈없는 세 가지 매도 타이밍을 제시하고 있다.

　감정 배제라는 철학을 기저로 공식에 의한 가치 분석을 통한 종목 선정과 매도 타이밍 제시, 거기에 각종 자료에의 상세한 접근법까지 그간 이상만 품었지 방법을 몰랐던 가치 투자를 실천함에 있어 이 책이 진정 보통 사람을 위한 '가치 투자 교과서'라는 타이틀을 붙이기에 부족함이 없지 않을까 감히 생각해본다.

유주현

옮긴이 **유주현**

서울대학교 미학과를 졸업하고 같은 대학 국제대학원에서 일본지역연구를 전공했다. 옮긴 책으로 『일본의 문화정책』『문화정책과 예술 경영』『불황에도 승리하는 사와카미 투자법』『덴소 인사이드』『시간이 부자로 만들어주는 사와카미 장기투자』『환율과 연애하기』『식탁 밑의 경제학』『50세부터 시작하는 장기 투자』『10년 보유할 주식을 찾아라』등이 있다.

현명한 초보 투자자

1판 1쇄 ｜ 2016년 4월 19일
1판 26쇄 ｜ 2024년 7월 9일

지 은 이 ｜ 야마구치 요헤이
옮 긴 이 ｜ 유주현
펴 낸 이 ｜ 김승욱
편   집 ｜ 김승관 오연정 한지완
디 자 인 ｜ 신선아 이주영
마 케 팅 ｜ 김도윤 김예은
브 랜 딩 ｜ 함유지 함근아 고보미 박민재 김희숙 박다솔
                  조다현 정승민 배진성 이준희 김예리
제   작 ｜ 강신은 김동욱 이순호

펴 낸 곳 ｜ 이콘출판(주)
출 판 등 록 ｜ 2003년 3월 12일 제406-2003-059호

주   소 ｜ 10881 경기도 파주시 회동길 455-3
전 자 우 편 ｜ book@econbook.com
전 화 번 호 ｜ 031-8071-8677
팩   스 ｜ 031-8071-8672

ISBN 978-89-97453-66-5 03320

이 도서의 국립중앙도서관 출판예정도서목록(CIP)은 서지정보유통지원시스템 홈페이지(http://seoji.nl.go.kr)와 국가자료공동목록시스템(http://www.nl.go.kr/kolisnet)에서 이용하실 수 있습니다. (CIP제어번호: CIP2016008725)